JN075194

ジョアン・ミレッ

世界レベルのG《ゴール》K《キーパー》講座

KANZEN

ジョアン・ミレッ 世界レベルのGK《ゴールキーパー》講座

KANZEN

はじめに

【監修者　ジョアン・ミレッ】

私はＧＫとして、ＧＫコーチとして、人生のほぼ全ての時間をＧＫという素敵なポジションのために費やしてきました。大半が他の人から見ると辛いことだったのかもしれませんが、それを乗り越えると、楽しい時間、幸せな時間がたくさんありました。

私がＧＫコーチを始めたころ、スペインにＧＫコーチはほとんどいませんでした。今ではスペインでＧＫコーチが全くいないクラブを探す方が難しいかもしれません。

私がどのようにして今のような考え方、方法論を作ってきたかを他の人に聞かれますが、それは簡単です。

「Porque?（ポルケ＝なぜ）」と常に何に対しても考え続けたからです。

こういうやり方があるよ「Porque?」

こうした方がいいじゃないの「Porque?」

「Porque?」同じ選手で同じ軌道のボールで取れる時と取れない時があるの？

私の頭が良くて、自分で考えついたというよりは「なぜなのか？」と深掘りし続けて、考えたことに対してどうやったら良いのかを試行錯誤し続けてきたから今があるのです。

母がいつも言っていました。「わからないことがあったらすぐ質問しなさい。その時は恥ずかしいかもしれないけど、質問せずに知らないままいることの方がもっと恥ずかしいのよ」と。

だから私がもとから賢いのではなく、わからないことや専門外のことは他の人に質問することを繰り返すことで考える習慣がついたと言えるでしょう。逆に言うと、今のようにインターネットもない、サッカーの本もない、ましてや師匠と言えるようなＧＫコーチ自体がいない。

だからこそ自分で考えなければいけなかったのです。

それは何より選手のためでした。

私がいつも言う「Porque（ポルケ）」は〝魔法の言葉〟です。

現在では私が始めた時代には考えられないほど多くのＧＫコーチが存在しています。しかし、私が始めた頃と比べてトレーニング方法や考え方はほとんど発展していないのではないかと感じています。つまり選手のレベルは上がっているのかもしれないけど、コーチのレベルは本当に上がっているのか？　常に自問自答しています。

正しい技術アクションを教えてもらっていれば、本当はもっと高いレベルでプレーできるはずだったのに怪我や思ったようにパフォーマンスが伸びずにサッカー界から去っていく選手を多く見てきました。

当然、私の方法論、考え方が全て正しいということではありません。だからこそ私の理論を惜しみなくこの本に出して、読者の皆さんに「Porque?」と考えて欲しいです。

「ジョアンの言っていることは本当なのか?」「それはなぜなのか?」鵜呑みすることなく考えてみてください。

この本が多くのGKをプレーしている選手、GKコーチ、そしてフィールドの監督に届き、「ジョアンはそう言っているけど、こういう場合はどうなんだ?」と是非一緒にGKについて議論しましょう。

GK以外の話はわかりませんが、GKの話であれば、寝ずに話し続けられます。日本人の皆さんはシャイなので、もしかしたら話しかけづらいと感じているのかもしれませんが、私はいつでもウェルカムです。そうやって議論を重ねることでより良いものが生まれてきます。

私の願いは、日本からヨーロッパで活躍するようなGKが輩出され、世界中から「日本人GKの技術は素晴らしい!」『選手を育成しているGKコーチたちが優秀だからだ!」と、GKになることです。そして、もっとGKとしてプレーすることが好きな子どもが増え、その子たちが幸せを感じながらプレーをもっと楽しめるようになることです。

それを日本の皆さんと一緒に達成したい。

それだけのポテンシャルをこの国は持っているのです。今はどちらかというと、その才能や能力を信じきれなかったり、ないものだと否定している状態です。

実は、世界的に見ても日本人ほどトレーニングに対する情熱、向上心、完璧さを追求する力に長けている人種はいません。良くなる土台はもう整っているのです。

それでは、ＧＫの世界を知る旅へ出かけましょう。

ジョアン・ミレッ

はじめに

【著者　倉本和昌】

「おい、ＫＡＺＵ。その失点の原因がＧＫにあった場合、それをコーチとして修正することができなかったら、その失点は今後どうやって防ぐんだ？」

この一言は、私にとって衝撃的な一言でした。「僕はＧＫについて何も知らない！」と気付かされた瞬間だったのです。

時は２００６年スペイン北部にあるビルバオにて。当時、ビルバオに住み、指導者の勉強をするためにスペインのコーチングスクールに通っていた私は、コーチングスクールのダイレクターをしている友人に誘われて「ＧＫについて」の授業を聞きに行きました。

そこで会ったのがジョアン・ミレッだったのです。それまでにも私は様々なクラブ、協会のＧＫコーチに会ってきましたが、「この人は他の誰とも全く違う！」と思いました。

ここまで能力、実力がある人がなぜゲルニカという小さいクラブでＧＫコーチをやっているのか不思議で仕方がありませんでした。

その後、ジョアン・ミレッについて調べ始め、彼が所属しているＳＤゲルニカ（当時スペインリーグ４部）は「ＧＫ製造工場」と呼ばれているという記事を見つけます。ゲルニカで彼は、トップチームからアカデミー全てを含むＧＫコーチの責任者だったのです。

ゲルニカといえばピカソが描いた「ゲルニカ」が有名ですが、世界で初めて無差別空爆が行われた悲しい歴史のある町です。人口約１万７０００人のうち、半分が男性だと仮定して、子どもが何人いて、その中でサッカーをやる子、しかもＧＫをやる子は何人いるでしょうか？　そんな小さな町から毎年スペインリーグ１部の古豪アスレチック・ビルバオにＧＫが引き抜かれていくのは、ジョアンの指導のお陰だと誰もが認めていました。それは才能よりも、彼の指導力と選手の努力があったからこそできたことです。しかもそれが一人ではなく毎年のように引き抜かれていく。考えられないことだと思いました。

この授業がきっかけで仲良くさせてもらい、時にはジョアンのチームと僕のチームが対戦したりと深く交流させてもらいました。

私は２００９年にスペインサッカー協会公認上級ライセンスを取得したタイミングで日本に帰国することを決意します。そして、いよいよ帰るとなった時にゲルニカまでジョアンにお別れの挨拶をしに行きました。

すると彼は言いました。

「俺はコーチングスクールの授業以外で、自分の理論や方法を自分が教えているＧＫ以外には絶対に教えないし、資料も映像もどこにも出さない。それは過去に他の人に悪用されたことがあるからだ。でもKAZU、お前は絶対に悪用したりしないことを知っているし、もっとGKのことを学んで良いコーチになってほしい。だから、俺のパソコンに入っているデータを全部持っていけ」

とわざわざハードディスクまで用意してくれて手渡してくれたのです。

続けて彼はこう本音をこぼします。

「自分の理論は誰にも言っていないから、自分がコーチをやめたらそれで終わってしまう。スペイン人はちょっとかじっただけで『もう俺は知っている』、もっと言えば、『さも自分が考えた理論だ』と言い出す」と。

そこで私にはある使命感が出てきたのです。

『このままジョアンがコーチを引退したら何も残らない。こんな苦労して作り上げ、しかも誰もが技術的に向上する仕組みを作っているのにもったいない！　ジョアンの理論を世の中に広げたい！　いや、そうではなくジョアンの理論を学んだ日本人が、日本語で指導し、さらにその理論を発展させていけるような人材を育てたい！　そうしたら日本もGK製造国になれるかもしれない』

この時の勝手に立てた自分の誓いを実現するチャンスがのちに回って来ようとはその時は思いませんでした。しかし、2010年にジョアンが息子と一緒に日本旅行に来たことがきっかけとなり、株式会社アレナトーレの高田社長や、私が当時お世話になっていた湘南ベルマーレの協力があって、2013年にジョアンの日本での指導がスタートします。日本のGKのために、初めて家族と離れて海外に住む決断をしてくれたのです。

その後、彼の理論によって技術の向上していった選手はたくさんいます。

しかし、それだけでは十分でありません。なぜなら日本で仕事をすると決まった時、ジョアンと僕のテーマは2つあったからです。

① 日本で優秀なGKを育成すること
② ジョアンの理論を学び、発展させられる日本人コーチを育成すること

2つ目の「GKコーチを育成すること」がまだまだ出来ていません。

そこで私とジョアンは何度も議論を重ね、より多くの人にGKの奥深さを知ってもらい、日本のレベルアップに更に貢献してもらうためにジョアンの理論、方法論を紹介する本を出すことになりました。

この本は

・指導者（フィールドの監督、コーチ）にもっとGKについて知ってもらいたい
・GKを正しい方法、正しい順番で育成していくにはどうやっていくのか？　をGKコーチに学んでもらいたい
・現在GKとしてプレーしている選手にも「こういう考え方でこうやってプレーするとよりゴールの可能性が低くなるんだ」ということを学んでもらいたい

という思いから作られています。

彼の理論が絶対で、全てだなんて言うつもりはありません。しかし、GKを育成し続けGKコーチとして35年以上の指導歴のあるジョアンの話を一度聞いてみても、損はないと思います。それを使うかどうかは選択すれば良いですし、学んだことは自分なりに消化し、発展させていけば良いのです。素直な気持ちで学び、更にそれをレベルアップできるというのは日本人だからできることなのです。

彼の口癖である「Porque?（ポルケ＝なぜ）」があれば必ず選手を伸ばすことができるのです。

近い将来、日本が「ＧＫ育成大国」と呼ばれる日が来ることを信じて。

倉本　和昌

目次

※本文中で紹介している選手の所属は2019年12月13日現在のものです。

動画について

このアイコンがついている図、写真は動画でも確認することができます。

一部、文章では紹介しきれなかったジョアン・ミレッの考え方についても収録しています。

キャッチ　　ポジショニング　　ハイボール

本書を読み進めていく前に知っておいてもらいたいことがあります。GKの本を出版することになりましたが、私は「特別な人間ではない」ということです。人よりも少しだけGKのことを考え過ぎてしまうだけです。

例えば、私はスペインで育ちました。スペインのプロクラブにもいましたし、FC東京のトップチームも指導していました。だからといって、私を「すごい人だ」と見ないでほしいのです。

私は、サッカーを愛し、GKのことについてもっと知りたいと思っているみなさんをサポートするためにいます。私が言ったことが絶対正しいとか、他の方の理論は間違っているというような対立を生みたいわけではありません。みなさんにはぜひ「ジョアンの理論はなぜこうなったのか？」を考えながら読み進めてほしいのです。

一度頭の中をゼロベースにして、今日から学校に入学して初めて〝GKの授業〟が始まるという気持ちで受け入れてもらえれば幸いです。「これまで自分はこの方法でやってきたから」「今まではこうだったから」と過去に囚われることを一旦やめてみてください。

なぜ私はそのようなことを言うのでしょうか？

もし、みなさんがゼロベースで話を聞き始められれば、新たに多くの疑問が出てくるはずです。ゼロから出てきた疑問をもとに発展させていくのが、最も効率的に学べる方法です。是非このことを忘れないでください。

それでは一緒にGKの授業を始めていきましょう。

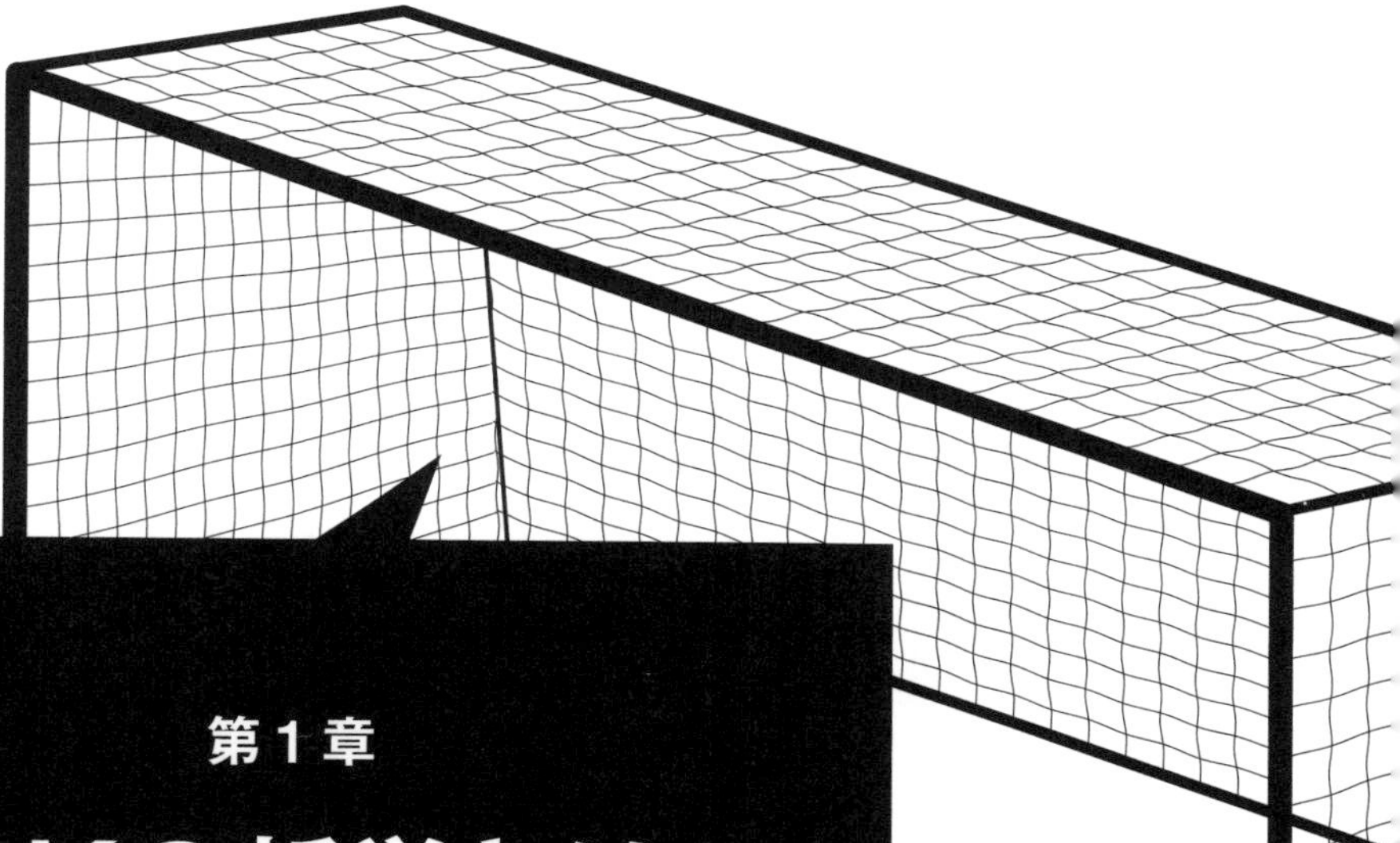

第１章

GKの哲学とは

ゴールキーパーとは何なのか？

ＧＫの基本的なこと、考え方から話を進めていきます。

そもそもＧＫとは何なのか？　ＧＫというポジションの人間は普段どんなことを感じているのでしょうか？

まず二枚の写真を見てみてください。なんの写真かわかりますか？

チームが得点した直後のよく見る光景。何万人というサポーターも喜んでいますし、それこそ隣の人と抱き合っていて、選手達も喜んでいます。

しかし、サッカーというスポーツにおいて最もテンションが上がる瞬間に、ほとんどの場合GKはいないのです。

サッカーはとても素敵なスポーツなのですが、GKは一人です。孤独なのです。

フィールドでプレーしている、またはプレーしたことがある方に質問です。

「これまでに自チームのゴールが決まった時に味方GKのところに喜びに行ったことは何回ありますか？」

少し視点を変えてみましょう。選手たちがゴールを決めて喜んでいるとき、対戦相手の顔を見てみてください。おそらくみんな不満げな顔をしています。ものすごい形相で怒っている選手もいるでしょう。

では、対戦相手の選手たちは誰に不満を持ったり、怒ったりしているのでしょうか？

また、心の中でどんな言葉をつぶやいているでしょうか？

多くの場合GKの責任にされています。「何が起きたんだ？」「どうしてこんな簡単にやられるんだ?」というように。

例えば、相手のFWがドリブルでペナルティーエリア内に入ってきて、味方DFがついていっています。GKはコーチングをしてDFに「ファーサイドを切れ」と言います。「コーチングしたから大丈夫だろう」と信じていたら、結局ファーサイドを簡単にやられてしまって、「DFはなにやってるの?」となるシーンありますよね。仮に味方のミスから生まれた失点だとしてもGKは自分の責任だと感じています。

失点を喫した時の痛みや感情をGKは一番感じているわけです。それが直接的な自分のミスではなくても同じです。味方DFのミスであっても失点を喫してしまったらものすごく心が痛むわけです。

そう考えると、サッカーはGKだけが辛い思いをし続けるスポーツなのかもしれません。

GKという特殊なポジション

私たちGKは、他のポジションの選手たちとは少し違います。そもそもユニフォームが違います。

自チームの選手がゴールを決めたら、もちろん私もチームの一員として喜ばしいです。しかし、ゴールが決まった瞬間、私は相手のＧＫが倒れて落ち込んでいるところを必ず見てしまいます。それを見ると喜びが半減してしまうにもかかわらず。

なぜ見てしまうのでしょうか。それは、失点する瞬間はいつか必ず自分にも訪れることをわかっているからです。ゴールを決められたときのＧＫの心理を考えると、いくら対戦相手であっても辛いわけです。だから、ゴールを決めたときの感情はフィールドの選手とＧＫは全く別物だと思います。

世界中のサッカーファンはゴールに熱狂するものですので、ほとんどの試合が０対０で終わったらつまらないと思うでしょう？

さらにはボールもシューズも、ついにはルールまでも「よりゴールが決まる確率が上がるように」という方向性で進化しています。そう考えるとＧＫは〝アンチフットボール〟かもしれません。なぜなら一人だけ「ゴールを決めさせない！」ことばかりを考えているのですから。

私はそう遠くない未来、よりゴールが決まるようにと今のゴールサイズよりも大きいゴールにルールが改正されるのではないかと本気で考えています。そうなってしまっても私が指導するGKには対応できるようにトレーニングを施しているので全く問題はありません。

GKコーチとは何なのか?

GKのことを助けてくれる人、GKのことを本当に理解できる人というのは、世界中どこを探しても一人しかいません。唯一GKを理解しているGKコーチ。GKを助けられる存在とはGKコーチしかいないわけです。

だからGKはGKコーチに助けを求めています。

本当にGKの隣にいるGKコーチは、彼を助けるための、資質があり、能力や準備ができているのでしょうか？　もちろんいつ学び始めても、遅いということは決してないですが、本当に〝準備〟できているのでしょうか？

準備するということ。本当にそれがどういう意味かわかっているでしょうか？

今のサッカー界で、GKが抱えている問題について解決できる準備は万全ですか？

いつもGKは一人です。メディアに大きく取り上げられることはありません。味方がゴールを決めても誰も抱擁に来てくれません。それだけ特殊なポジションであるGKの手助けになっているでしょうか。

例えばそのGKが、メンタル的に追いこまれていた場合であっても、技術的になにか足りない部分があったとしても、GKコーチが明確な解決策を持っているかが重要です。

GKコーチには2つのタイプがある

GKコーチの具体的な仕事とは何なのでしょうか？

まずみなさんに知っておいてもらいたいのは私の考え方では2種類のGKコーチがいるということです。

①「トレーニングをこなす人」Entrenador

スペイン語で『Entrenador』とは、『監督・コーチ』という意味で、動詞の『Entrenar』は『トレーニングする』という意味なんです。『Entrenamiento』は名詞で『練習（訓練）』という意味になります。

GKコーチは常にGKに寄り添う存在でなければならない

普通の監督やコーチは『Entrenador』です。でも、私の中では、『練習をこなす人』という意味でも捉えています。

②「ゴールキーパーを準備する人」Preparador

『Preparar』が『準備する』という意味で『○○dor』で『○○する人』という意味になります。

『Preparador de Portero』で『ＧＫを準備する人』。ＧＫの育成においては、『Entrenador』と『Preparador』の違いを明確にしなければなりません。ただ練習をこなしてしまう人は、監督に与えられた時間でひたすらボールを蹴って終了、という人。だから私の講習会に参加してくれた人たちには「ＧＫコーチになってはいけませんよ。ＧＫを準備する人になってくださいね」と話しています。

ゴールキーパーを『準備』するとは？

『準備』だからこそ、大切にしなければならないことがあります。それは選手のメンタル面にアプローチすることです。

「GKを準備する人」というのは「このトレーニングには理由があり、なぜこれをやらなければならないのか、正しい『技術アクション』とはどういうものなのか」をきちんと伝えて修正できる人のことです。

GKコーチにとってメンタル面にアプローチできるかできないかは大きな差となります。選手たちに練習の意図などを伝えるうえで、GKコーチ自身が冷静に分析することができなかったり、感情をうまくコントロールできずに怒りに身を任せてしまったりした場合、選手に伝えたい言葉が伝わらない可能性が出てきてしまうからです。メンタル面にアプローチできることが「GKを準備する人」には必要不可欠なのです。

だから私のトレーニングでは、何時間も選手たちと話し、説明するだけでトレーニングが終わる場合もあります。

GKコーチが最も大きな役割を果たせなければならない

GKコーチはトレーニングの時間が少なくてもお金を稼ぐことができます。しかも、GKコーチはチームの中で一切責任がないように振る舞うこともできます。なぜなら勝敗の責任を一番負わなければならないのは監督だからです。

ただ、いつも議論になるのですが、監督がＧＫのことを知らなさすぎる。これは大きな問題なのです。監督のＧＫについての無知さゆえにＧＫがある意味守られている状況にあるのです。ＧＫが守られているということは、ＧＫコーチも守られているということです。

私は、優秀なＧＫコーチほどチーム内で最も仕事を抱えていなければならないと思っています。技術、戦術、フィジカル、全て教えなければいけないからです。そのためには、時間を気にせず、労を惜しまず、ＧＫが成長・発展していくために行動しなければなりません。

そこまで犠牲を払ったとしても社会的な認知度は皆無でしょう。ＧＫは有名になるかもしれませんが、ＧＫコーチは全く有名にはなりません。それでも、ＧＫコーチは守備のオーガナイズも考えなければならないので、最もチームの助けとなっているはずです。

ＧＫコーチになりたい人は一定数いても、彼らが求めているＧＫコーチの理想像は私の考えるＧＫコーチの理想像とは真逆なのです。

例えば指導者講習会で、私が「ＧＫはこのようにトレーニングをしなければならない」と話すと「いや、あなたの理論は本当に素晴らしい。まさにその通りやっていけばＧＫはよくなるよね」とみんな言ってくれます。これはスペインでも日本でも同じです。

その言葉に私が「じゃあそのまま実践してみてください」と返すと「できない。仕事量が多すぎる」と返されます。だから、GKは技術的に同じミスをずっと繰り返し続けているのです。これは誰の責任になりますか？

日本人の多くが、ゴールにへばりついて高いポジションを取れません。それは頭を越されたら怖いからですが、逆に言うと未だに後ろへの下がり方をわかっていないからです。

それはなぜでしょうか？　要するに『誰からも』教えてもらっていないということになります。

ジョアンの生い立ち

少し昔の話をさせてください。

私が子どもの頃、道路はアスファルトですらなく土だったんです。そこに「この上着と上着の間がゴールね！」って脱いだ上着を地面に置いてゴールに見立て遊んでいました。

私自身、サッカーにおいては、他の子どもに比べてそんなに悪い選手ではないと思う反面、同時に特別すごい選手でもないな、という自覚がありました。

ただ私は、とあるグループにおいて「俺がこう決めたらこうなんだ！」と言えば、みんながい従うような、いわゆるガキ大将タイプでした。

もし自分の仲間がいじめられるようなことがあれば必ず守る。そんな子どもでした。

サッカーの話に戻すと、私がいたグループは別の町のグループとライバル関係にあり、サッカーで対戦することになりました。

試合には、友だちの女の子がたくさん見に来たりして、白熱していました。当時、私はまだGKではなかったのですが、他の子のポジションを決める権利をもっていました。そのときは、ちょっと太った子にGKをやらせていたのです。

試合は前半でボコボコにされました。それでも私はピッチの中で味方を鼓舞していました。「大丈夫だぞ、絶対勝てるぞ」と。でも、あまりにも恥ずかしい内容で、手も足も出ず、後半から「じゃあ俺がキーパーやる」と言って、GKをやることにしたのです。

これが、私がはじめてGKとしてプレーしたときのエピソードです。11歳のときでした。

結局、試合は負けてしまったのですが、とても楽しくて「俺にもできそうだ」という感覚になりました。自分がリーダーとしてチームを率いることができるし、後ろから叫びまくれる。私はもうGKをやろうと決心していたのですが、仲間たちは「お前がキーパーやるとないだろ。（太っている）マヌエルでいいじゃないか」と言ってきたんですが「いや、マヌエルはサイドバックだ」とコンバートしたんです。最終的に彼はユース年代まで、サイドバックの選手としてプレーしていましたよ。もちろん、痩せてね。

これは余談ですが、これまで「ジョアン、この子の練習を見てほしいんだ」と、GKをやっている子どもを連れてくる人がたくさんいたんです。その中の一人にすごく身長が低くて太っている子がいました。

そういう子を見ると、友だちのマヌエルのことを思い出すんです。結局、小さかった彼もフィールドの選手として、テラッサというチャビ（元FCバルセロナ）を輩出したチームのユースでプレーしました。最後は痩せて、身長も180cmくらいになっていました。だから、その時の見た目で判断してはいけないということを学びました。

当時、私がいたカタルーニャ州でユースカテゴリーのトップクラブは『ヴィック』と『エスパニョール』と『バルセロナ』の3チームだけで、私はヴィックを選びました。1967年のことです。

実はそのとき私の人生の中でも一番つらい経験をしました。

慢心した瞬間にゴールキーパーは終わり

当時、私はカタルーニャ州選抜に入っていて「俺は一番すげぇ選手だ」と慢心していたんです。集中力が切れていました。だから、女の子が寄ってきて夜外に出歩くようになったり、点を取られても「あれは実は余裕で止めれた」なんてことばかり言ってました。そこからどんどんパフォーマンスが落ちていき、あるとき父に「夜遊びするのか、サッカーに集中するのか、両方はないからどちらか選べ」と言われたのです。

それから私は夜に出歩くのをやめました。そのあとは、全てをサッカーに捧げてきましたが、21歳のときに膝をケガして、プレーを続けることが困難な状況になりました。今であれば手術して治るケガだったのですが、当時の医療では、手術してしまうと、もうプレーはできないというものだったのです。サッカーに費やしてきた分、大学に行くことも断念してしまいました。

そんな経験があるからこそ私は関わっている選手全員にこう言います。「ちゃんと勉強しろ。サッカーができなくなる日は突然訪れる。それが明日かもしれないし、明後日かもしれない。サッカーのプレーはサッカー以外で生かすのは難しい。でも勉強をして得た知識は一生涯使える」と。

だから教え子たちに、「俺、今すげえ調子いい！」というGKがいると、この話を必ずします。「自分が一番すごい」と思った瞬間にパフォーマンスは落ちていきます。GKの世界では、ちょっとでも集中を欠けば、すぐに失点です。それは今まで私自身が散々経験してきましたから。

FC東京の林彰洋選手も新聞のインタビューか何かで私に言われた印象に残っている言葉として「一瞬でも簡単だ、取れると思った時点でそのシュートは難しいものになる」という言葉をあげていました。

GKはできると思ってしまった瞬間に終わりなんです。それは一つの試合で一つのシュートや失点に関してでも、長いスパンで見た自身のパフォーマンス面でも、そのメンタリティになってしまうと物事は全て難しくなってしまいます。

なぜ彼らGKの考えている頭の中がわかるかというと、今まで自分が経験したことを振り返ってきたからです。

もちろん練習はすごく大事です。しかしGKを育てるのに、トレーニングだけでは足りないのです。

頭のキャパシティを広げないとトレーニング自体もうまくいきません。しかし、ほとんどのGKコーチはトレーニングをしっかりやりさえすれば良いと思っている。

結局、彼らの頭の中が機能していないとトレーニングの質が高まることもなく、いずれ意味のないものになってしまう。だから頭の中にアプローチするのは、トレーニングの一環です。トレーニングというのは外に出てボールを蹴るだけではないのです。

GKコーチになったきっかけ

21歳の時に怪我をし、プレーができなくなってしまったことがつらくてしばらく塞ぎ込んでいました。

ＧＫコーチになったのはその後です。

道で偶然テラッサの幹部に会った際に「ジョアン、今何してるの？ うちのクラブのジムをリハビリで使いなよ。それで、ケガが治ったらお前は来年どこでプレーするんだ？」と聞かれたので「いや、どこでもプレーはしない」と答えました。するとその人が「いやいや、冗談言うなよ」と。私は「膝が痛くてもう無理なんだ」と、その時は返しました。その2ヶ月後に、彼がとある提案をしてきます。

それがＧＫコーチの仕事だったんです。当時は、もしかするとこの世に誰一人として『ＧＫコーチ』なんて職業の人はいなかったかもしれません。そのような時代です。しかし、彼は「時間と労力をあれだけキーパーに費やしてきたのに、なぜその経験を生かさないんだ」と言ってくれました。

私は「いや、子どもを教えるのなんて俺には無理だよ」と返答しました。でも、重い腰をあげて一度グラウンドに行ってみたんです。

すると、グラウンドでは監督がバンバンシュートを打ち、それに対して子どもがビビりながら練習している。私が子どもの頃から10年も経ってるのに、10年間その状況が変わっていない。それを見て「俺、キーパーコーチをやる」と即答しました。

でも、それは大きな間違いでした。本当にGKコーチがいなかったので、自分がやっていることが全てだと思っていたんです。それこそシュートを打って跳ばせるなんてこともやりました。自分がゴールを決めたら「そんなシュートも止められないのか！」と子どもを怒ったりしていました。今考えたら最悪です。

取り返しのつかない大きな過ち

GKコーチを始めてから4年ほどが経った頃。とある子どもが私にこう言いました。

「ジョアン、俺キーパーやりたいんだ。もっとうまくなりたいと思ってるんだけど、全然できないんだ」。私は「下手なのはお前がダメなんだ。お前は下手なんだからキーパーなんてできるわけないだろ」と返しました。

「お前にキーパーは無理だ」

その子の気持ちを考えず、そう言ってしまったんです。チーム内では、GKを誰がやるのか話しているときにです。その晩、家に帰って激しく後悔しました。「キーパーをやりたい！　と、やる気を出している子どもに対してなんてことを言ってしまったんだ」と。

そのことがきっかけで、私は3年間GKコーチをやめました。ちょうどその時期に少しずつ、ベティスやバレンシア、アスレティック・ビルバオなど各地域の大きなクラブにGKコーチが現れはじめました。

私がその空白の3年間に何をしていたかというと他のGKコーチの練習を見に行ったんです。他のGKコーチはどんなふうに練習しているのだろう、と。

しかし、みんな自分と同じことをやっていました。私はそのときに自身の経験から「この方法ではゴールキーパーは良くならない」ということがある程度わかってました。

でも、なぜ良くならないのか、なぜうまくならないのか。すごく悩みました。とある子どもは「キーパーをするのが怖い」と話していました。当時は、その怖さをどう取り除いてあげれば良いのかわからず「もっと跳べ！」「いいから何回もするんだ！」「もっとやれ！」「ビビっていたらGKなんてできないぞ！」と叱っていました。

自分自身も「いつ跳び出して、いつ跳び出さないのか」、そのタイミングをわかっていないのにゴールを決められた選手に「ふざけんな！　なんで決められるんだ！」と怒鳴っていました。そして、ゴールを決められなかったら何も言わない。そんなことばかりでした。

プレーに再現性はあるのか？　重要なのは「基準」

私は自身の頭の中を少しずつ整理していきました。

GKの育成はどこから始めるのが良いのか。このタイミングだったら「飛び出す or 飛び出さない」というように、まず〝基準〟を持つことが大事だと考えたんです。

そして、何度も分析を重ねるうちに、似たようなシーンでも、出来るときと出来ないときがあることがわかったんです。

この場所であればとれるけど、そうではないときもある。では、どこでどうすれば良かったのか。このタイミングで、飛び出せばよかったのか？　そもそも今のボールは弾く必要があったのか？　キャッチできたのではないか……。

そういったことを考えているうちに「ＧＫの技術（スキル）を完璧に仕上げる」ということを考えはじめました。現在でも「ＧＫの技術（スキル）」を完璧に仕上げられるＧＫコーチはいません。それはどうしてかというと完璧な技術を発揮してプレーするＧＫがいないからです。

だから私は「ＧＫの技術（スキル）を完璧に仕上げる」ことが目的になりました。なぜか？　技術を完璧にすれば「今日がＹＥＳであれば、明日もＹＥＳ」になるんです。一方で明確な基準を備えていないと「今日がＹＥＳであっても、もしかすると明日はＮＯ」になってしまうのです。

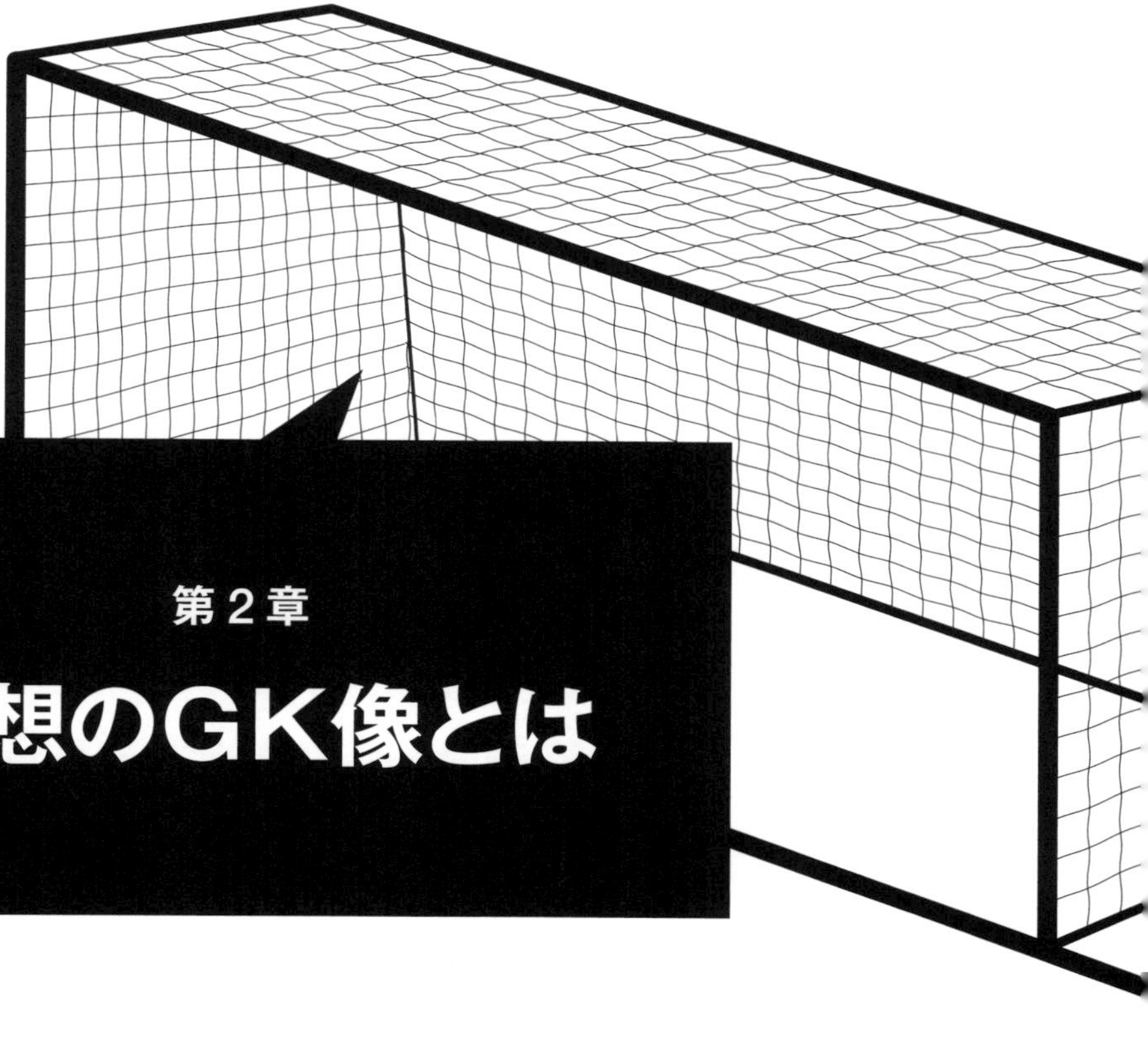

第2章

理想のGK像とは

どんなに世界的に評価されているGKでも改善点がある

「過去・現在問わず、ジョアンにとって理想のGK像に近い選手は誰ですか？」

これは取材や講習会などで、よく聞かれる質問なのですが、そもそも私が理想とするGK像に近い選手は、この世に存在しません。

だからこそ、私は未だに誰も達成したことがない「パーフェクトなGK」を育成するという理想に向けて挑み続けています。

ティボ・クルトワやジャンルイジ・ブッフォン、マヌエル・ノイアーは完璧じゃないの？と、みなさんは選手の名前を挙げてきます。

しかし、私の基準で見ると、例え世界的に評価されているGKであっても良い点とそうではない点があります。

私はGKの存在を否定しているわけではありません。前述のとおり、私の目標は、パーフェクトGKを育成することです。どうしても「この部分が良くなれば、このGKはもっと良くなるのに」と、改善点に目が行ってしまうのです。

この視点は、ぜひ読者のみなさんにも持っていただきたいと思っています。

世界的に名声を得ているGKだからといって「このGKはすごい！」と、プレーを手放しに称賛することはできないのです。

周りの声に惑わされず「今のＧＫのプレーは本当にナイスセーブなのか？」という視点で見てみてください。

ＧＫコーチはＧＫの長所や短所を理解できているか？

例えばＪリーグでプレーするＧＫを10人連れて来るとします。例えばアキ（林彰洋選手／ＦＣ東京）は、ハイボールの処理が強みです。ガンバ大阪の東口選手は、１対１のアクションがすごく速い。また、別のＧＫはセービングがとても良い。さらに他のＧＫは別の長所を持っている。

ＧＫを10人集めたら、それぞれ〝偶然〟にも別々の特徴を持っています。それが長所として目に見える場所に出てきています。

よって理想的なＧＫとは、無作為に集めた10人のＧＫが持っている特徴を全部一人で持っているＧＫ、ということになります。

問題はＧＫコーチがその選手たちが持っている良い特徴をどういう方法、順番で教えていけばパーフェクトなＧＫになっていくか明確になっていないことです。

つまりＧＫコーチ（ＧＫを準備する人）の役割・仕事は、自分が指導しているＧＫの短所やできていない部分を把握し、それらをできるように仕向けてあげることです。

ＧＫは非常に複雑な状況、判断するための時間的制限、精神的に負荷の高いプレッシャーがかかる中でプレーしていくことで競争力が高まっていきます。もともとの身体能力や体の大きさや強さよりも、トレーニングすることで能力を高めることが可能です。認知力、コーディネーション力、判断力、技術等の要素がより重要となってきます。

ＧＫに求められる具体的な要素とは

ＧＫはフィールドプレーヤーとミスに対する責任の度合いが大きく異なります。だからこそより完成された選手でいなければいけません。

だからＧＫコーチはＧＫについてもっと知らなければならないのです。

・選手を観察し、特徴・技術を分析

・選手の成長に沿うトレーニングプランの提案

トレーニングは試合でより高いパフォーマンスを発揮するために行います。トレーニング自体がうまくなるためではありません。トレーニングのためのトレーニングになっては

図1：GKに求められる要素

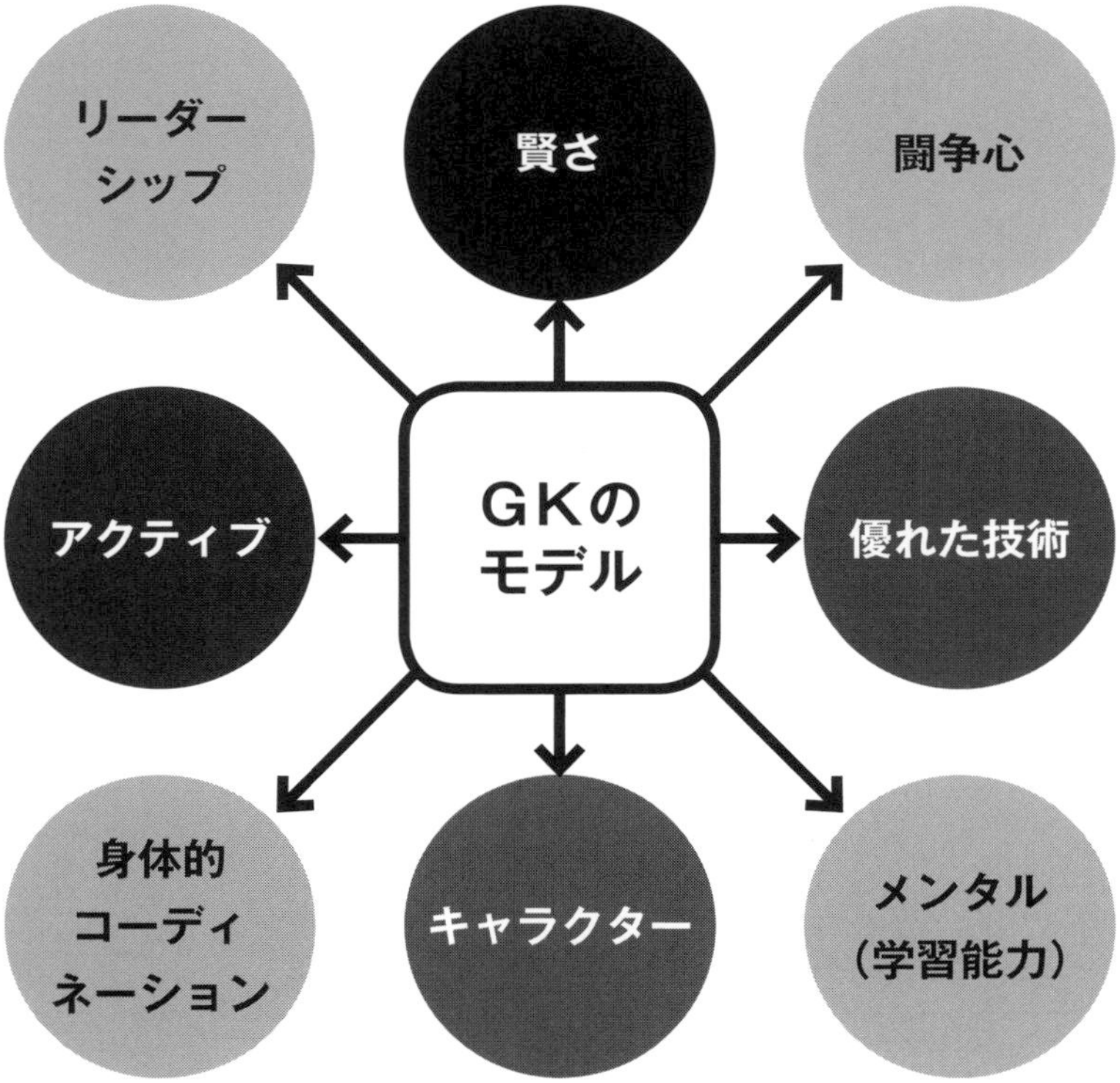

GKに求められる具体的な要素は８つある。そのうち一つでも欠けてしまっては理想のGK像には近づけない。ジョアン・ミレッが中でも強調するのは「賢さ」の部分。GKというポジションは賢さがなければ務まらない。

いけないのです。
それでは私が考えるＧＫに求められる能力を見ていきましょう。

・リーダーシップ

勘違いされることがあるのですが、リーダーシップと、試合中にずっとコーチングし続けることは違います。とにかく何かをずっと話し続けていれば良いというのはリーダーシップではありません。しばしば、味方のＤＦや守備や攻撃に対してもコーチングをし続けるＧＫを見かけます。

それが悪いということではありませんが、長い間コーチングし続けるとフィールドの選手はほとんど聞かなくなるでしょう。コーチングとは一番重要なメッセージをシンプルに実行できるように伝えることです。だから、コーチングは、
○明確
○具体的
○短く
伝えることが大切です。

ＧＫはチームで唯一ピッチ全体を見渡せる場所に立っています。監督、コーチは横からピッチを見ていますが、ＧＫは縦に見ています。

試合を最も見ることができるのはピッチを縦から見渡すことです。棋士は将棋盤を横から見るように座りませんよね。

だからＧＫはピッチ内の監督であり、そのＧＫがチームを引っ張っているのです。ＧＫが弱気であればそのチームは弱気になり（守備で引っ張られてしまう）、ＧＫが強気だとチームも積極的になります。

例えばチームの約束事、タスクがロッカールームに書いて貼ってあったとしましょう。セットプレーの約束事や相手チームの特徴などです。

ＧＫがロッカールームに入り、紙が貼ってあるのを見ました。そのＧＫの選手は何気なく通り過ぎてはいけません。

そこに書かれていることは監督がチームとしてやってほしいことです。チームがやってほしいことを一番知っておかないといけないのはＧＫです。

試合中ではある意味ＧＫは監督以上の存在だといえます。

監督はあくまでもピッチの外にいてベンチから試合を見ています。その時にベンチと反対側にいるサイドバックの選手に上がってほしくない状況が出てきた時に監督が「上がるな！」と言っても周囲の声や観客の声で聞こえないのです。または聞こえていても耳に手を当てて聞こえていない振りをする選手もいます。

サイドバックの選手は監督の言う通りにしなくても別にいいのです。上がりたいから上がってみようかなということができる。しかし、GKは絶対にその動きを許してはいけないし、同じピッチに立っている以上「上がるな！」と強制力を持って伝えなければいけないのです。

・賢さ

GKは賢くなければプレーできません。だからこそ学校の勉強も必要なのです。賢さが足りないと相手FWの心情を読んだり、変化し続ける状況に対する予測ができなくなってしまいます。

○プレー中の全ての情報を知覚、認知していること
○コレクティブにプレーし、全体が見えるように学んでいくこと（戦術的知識の蓄積）
○スペースも少なく、時間も短い中で適切な技術を選択していくこと
○常に「なぜなのか？」と考えていくこと

以上が必要になります。

・競争力

公式戦で結果を残す能力とも言えます。戦う気持ちや闘争心というニュアンスとは少し違って試合で持っている能力を発揮し、チームに貢献できることです。

この能力は決してトレーニングや練習試合では磨かれず、公式戦を戦う経験によって磨かれていきます。

・優れた基礎技術

この本の大きなテーマです。

その完璧な技術を習得するには一つのアクションに対する細かい動作の分析が必要になります。

正しい技術を発揮するには、正しい動き方、順番があるのです。そうすることで
○最小限のエネルギー消費

○効果的なエネルギーの使い方

ができるので、怪我のリスクも減ります。

一つひとつ技術的なアクションには正解があります。その選手に合ったやり方とか、背が高いから、背が低いからというのではなく、「正しい動き方と正しい順番」ということです。

技術を完璧に仕上げることが、自信につながります。それがメンタルの強さにも通じますし、GKの自信がチームとしての自信を決めていきます。GKの能力、技術が高い分、チームは安心して前へ行ける、あいつに任しておけば大丈夫という信頼感につながるのです。

GKは技術が足りない、どうやって修正したらいいかわからないとなると、自信を持ってプレーすることが難しくなります。

結果的に、守備のシステムのせいとか、他の選手のせいにすることになります。

要するに跳ばなくていいなら跳ばない方がいいということです。どこにポジションをとれば、より速く、より的確にそのボールに到達できるのかを考えることが必要なのです。

中には、ポジショニングが悪くても身体能力の高さでボールに届いてしまう選手がいます。GKコーチはそれをそのまま許してはいけません。なぜなら、身体能力に頼ったプレーをしていると、18歳の時には届いていたボールが、30歳になったら届かなくなってしまうからです。

私自身が同じような経験をしました。私はポジショニングが悪くても、遠くにシュートを打たれても、絶対に届くから大丈夫だと思ってプレーしていました。私はジャンプ力もあったし、速かったので確かに防ぐことができていました。結局21歳の時に怪我をして最終的には早く引退しなければいけなかったのも、理由を考えてみたらそれだけ無理に体を使っていたからなのです。

・メンタル（学習能力）

「GKをするのが好き！」というのは一番大切なポイントであると話しましたが、ポジティブにも、ネガティブにもバランスを取ることが必要であり、学習する能力、スピードも必要です。

バランスを取るというのは、良いプレーができても冷静で、上手くいかなかったとしても過剰に落ち込まない、引きずらないということです。どちらか極端になってはいけません。

メンタルが弱くなってしまう原因は、自分に矢印を向けていないからですし、正しいアクションを知識として知らないからです。

ミスに対して、なぜこのミスが起こったのか、次はどうしたらいいのかがわからなければ、恐怖心からさらに動けなくなります。そうなるとチームは後ろ向きになってしまいます。

だから受け身になってしまい、押し込まれることが多くなってしまうのです。

・キャラクター

例えば机にペットボトルが置いてあったら、たいていのフィールドの選手は「ペットボトルがあるな」と見るだけで終わりですが、ＧＫだけは通り過ぎる時にペットボトルを倒していきます。

なぜか余計なことをしてしまう、普通の人と違うことをしてしまう。それがＧＫです。

それをコーチが理解していないと「他の人と違うことをするな！」「変わったことをするな」と彼自身の個性を押さえつけてしまうことになります。

・身体的コーディネーション

もともと持っている体の大きさや強さは個性として強みになりますが、トレーニングすることで高められるものもあります。

私は身体能力が高い選手は技術やポジショニングが雑でもボールに届いてしまう、止めることができてしまうことは要注意だと思っています。

能力だけでプレーしてしまうと本来はもっと高いレベルまで到達できた、またはもっと長く現役を続けられたはずの年齢と共に身体能力の衰えが出ると、今まで届いていたボールが届かなくなることで引退を余儀なくされる選手をたくさん見てきました。

・アクティブ

元気のない、熱量を感じられないことはＧＫとして致命的です。常に明るく、活発的でＧＫに対する愛情、情熱が行動に出ているかが重要です。

ＧＫはどのようなプレープロセスを踏んでいるのか？

プレーを解釈するということは、一つのプレーを行う前に、状況に応じて、どういった

図2：GKのプレープロセス

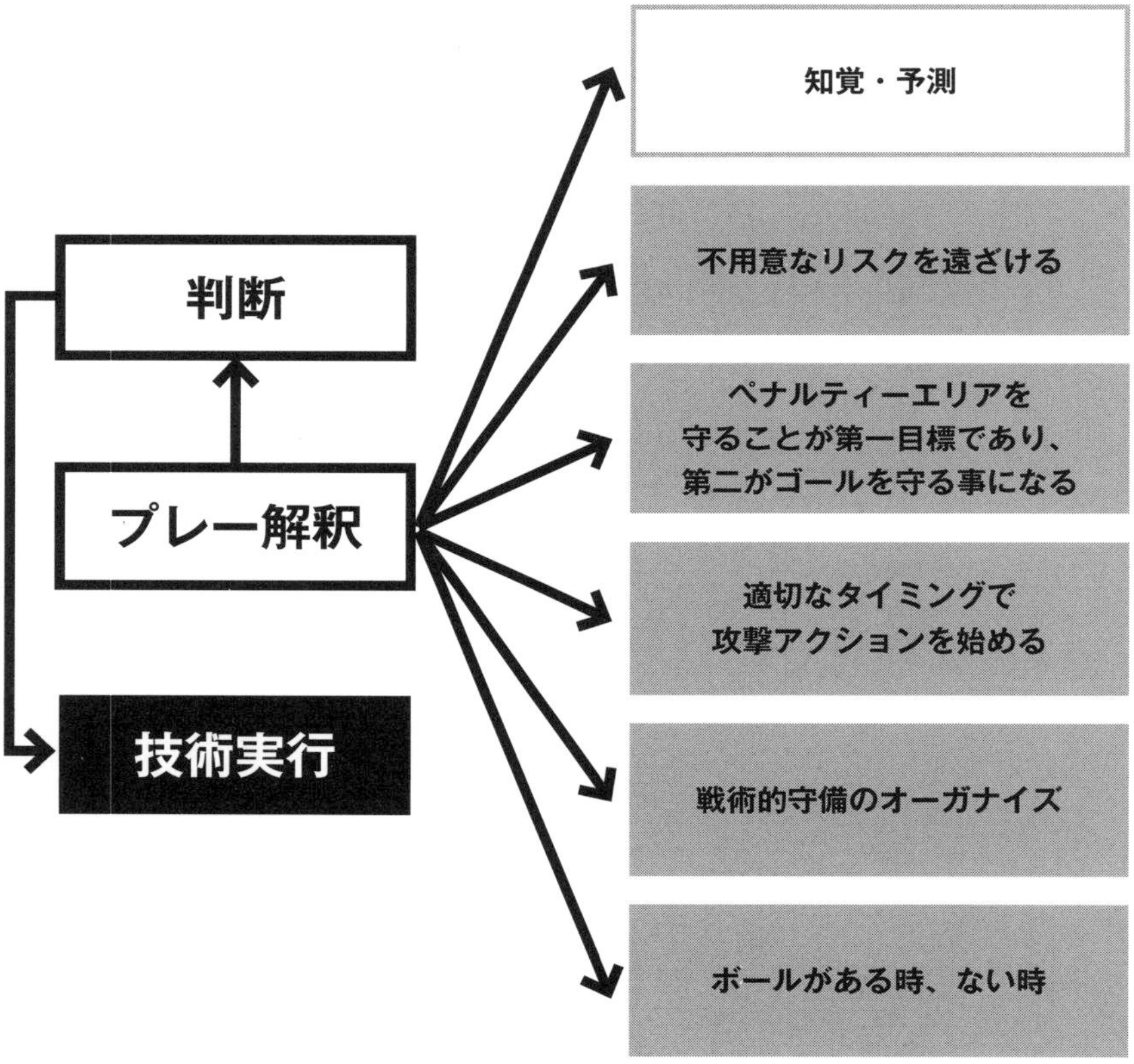

プレーを行う前には状況に応じてどのような現象が起こるかを知っておく必要がある。そこからどの行動（技術）が必要かを選んで判断し、実際に実行する。

現象が起こりそうか、その現象に対応するには、どんな行動（技術）が必要になるのかを知っておくことです。

そこから行動（技術）を選んで判断し、実際に実行するというプロセスを辿っていきます。繰り返しになりますが、私は常日頃からＧＫは頭の良い選手でなければならないと言っています。プレーを体現するためには、実際に言葉で理解することが重要だからです。選手が言葉の意味を知らなければ、コーチの言葉は届きません。だから、学校の勉強もしっかりやらなければいけないのです。

「技術を向上させるトレーニングはありますか？」

よく聞かれる質問ですが、私の答えは世界中のどこにも技術を教えるメニューはないということです。

技術はその動きを細分化し、なぜそうしてはいけないのか？　に対する理由から、なぜこれが良いのかという理由まで説明し、選手に納得させることでしか教えられません。キャッチに関しても正しい手の置き方、手の出し方を練習する前に選手にわかるように説明しなければいけないのです。アクション構造、型を伝える前に「とりあえずボールを取ってみよう」では技術が向上しないのです。感覚的に何かをできるようになったということがあると思いますが、その場合問題なのは、「なぜ上手くいったのか」「なぜ上手くいかなったのか」がわからないということです。

だから、上手くいった時は調子が良い、上手くいかない時は調子が悪いという解釈になってしまうのです。

全ての技術についてどのようにアクションを連続すれば良いのかがわかって初めて、トレーニングが可能になるのです。

つまり技術そのものの正しい方法を学び、理解をしてから、トレーニングメニューを実践することができるのです。来たボールをとにかくキャッチする、弾くという練習では技術は向上しません。

動画サイトでトレーニングメニューを探す人がいます。

私は動画サイトでトレーニングメニューを探しても、GKの技術レベルを上げることはできないと思っています。この点が私と他のGKコーチが違う考えを持っている部分です。

例えば「より遠くへ跳ぶためのセービング」と検索をするとたくさんの映像が出てくると思います。その映像の中ではハードルを越えるように跳んでボールを弾くような練習が出てきます。綺麗な芝のグラウンドで色々な用具を使って、加えて教えている人もプレーしているのも外国人で、とてもよく見えるように作られています。

しかし、セービングでボールに届かない理由が筋力ではなく、最初の立ち方にあるとしたら動画サイトで無作為に見つけたトレーニングで改善されるはずがありません。

もっと速く、もっと遠くに跳べるように！　とトレーニングをすると思いますが、実際は正しい体の動かし方ができていないことが多いのです。

例えば多くの場合、足を肩幅よりも広げてしまうことで横への動きがしづらくなっています。それは私の考え方ということではなく、人間の体の構造上、足を広げれば広げるほど重心が動かしづらくなるので、横へ足を出しづらいのです。足を出すためには一度プレジャンプなどで足を抜かないと動けなくなっています。もちろん無駄な動きをしている分の時間が取られているわけですから、最終的に跳んだ後のボールに触れられるかどうかに関わってきます。

これは自分で体験するとよりわかるはずです。立ったまま足を広げてみてください。全体重が両足にかかり、数センチでも横に動かすのが困難です。

次は自然に肩幅になるように立ってみてください。その状態から体を横に動かすのは先ほどよりも簡単にできませんか？

最初の一歩の足の出し方が間違っているのに、「どうトレーニングをしたらより高く、遠くへ跳べるのか？」とトレーニングを重ねても根本的原因の改善にはならないのです。

残念ながらこのようなトレーニングの考え方が世界中に蔓延しています。

順番を無視したトレーニングでは成長しない

いま世界的な流行でいきなりグローバルトレーニングからスタートすることが多いように感じます。例えば、

①クロスが上がる
②キャッチする
③味方にフィードする
④サポートして、バックパスを受ける
⑤サイドチェンジをする

しかし私は順番を無視してグローバルトレーニングから始めることはあり得ないと思っています。

それはなぜか？　クロスが上がります。キャッチミスをしたらどうしますか？　このプレーを続けますか？

・90％以上の確率でボールがとれるＧＫ
・技術は60％で、プレーが連続できるＧＫ

どちらが優秀なＧＫでしょうか？

90％以上の確率でキャッチができる。90％の確率で次の技術ができる。ひとつずつ90％の確率でできるようになって初めて全ての技術をつなげたグローバルトレーニングをするべきだと私は考えています。最初からグローバルトレーニングをすることでは一つひとつの技術は向上しないのです。

チームと一緒にプレーさせることや、フィールドプレーヤーの一員のようにプレーさせたいのであれば、その前に踏んでおくべきプロセスがあります。それを飛ばしていきなりグローバルトレーニングをすることではGKの技術は向上しないのです。

GKとしての技術を全て網羅することができたうえでフィールドに関わるようにボールを足でプレーすると順番に行くのなら理解できます。やってはいけないと言っているのではないです。

フィールドの選手とGKでトレーニングの考え方が大きく異なるのはこの部分かもしれません。とはいえ、フィールドの選手もきちんとボールを止めて、蹴ることが全くできないのに、複雑なポゼッションの練習をしないはずです。

前提として、GKはGKです。ゴールを守ることが第一の役割です。今世界でGKの足元の技術ばかりがフォーカスされています。GKとはどんなポジションですか。GKとしての役割を忘れてはいけません。

図3：グローバルトレーニングの例

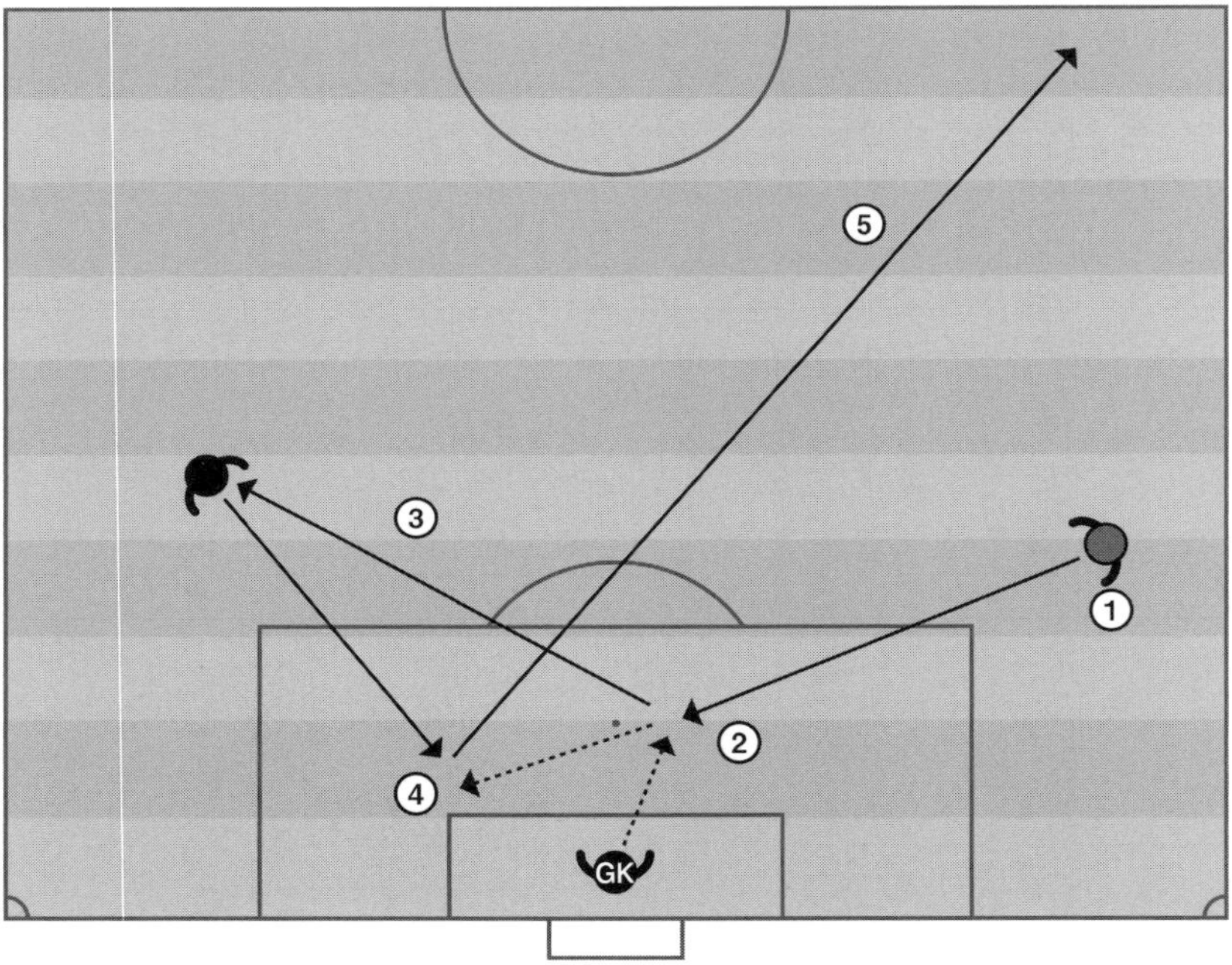

ボールの動き ——▶

人の動き ······▶

一つひとつの技術が不完全なままグローバルトレーニングをすることは優秀なGKを育てることにはつながらない。技術を一つひとつ習得した上でグローバルトレーニングをすることが重要である

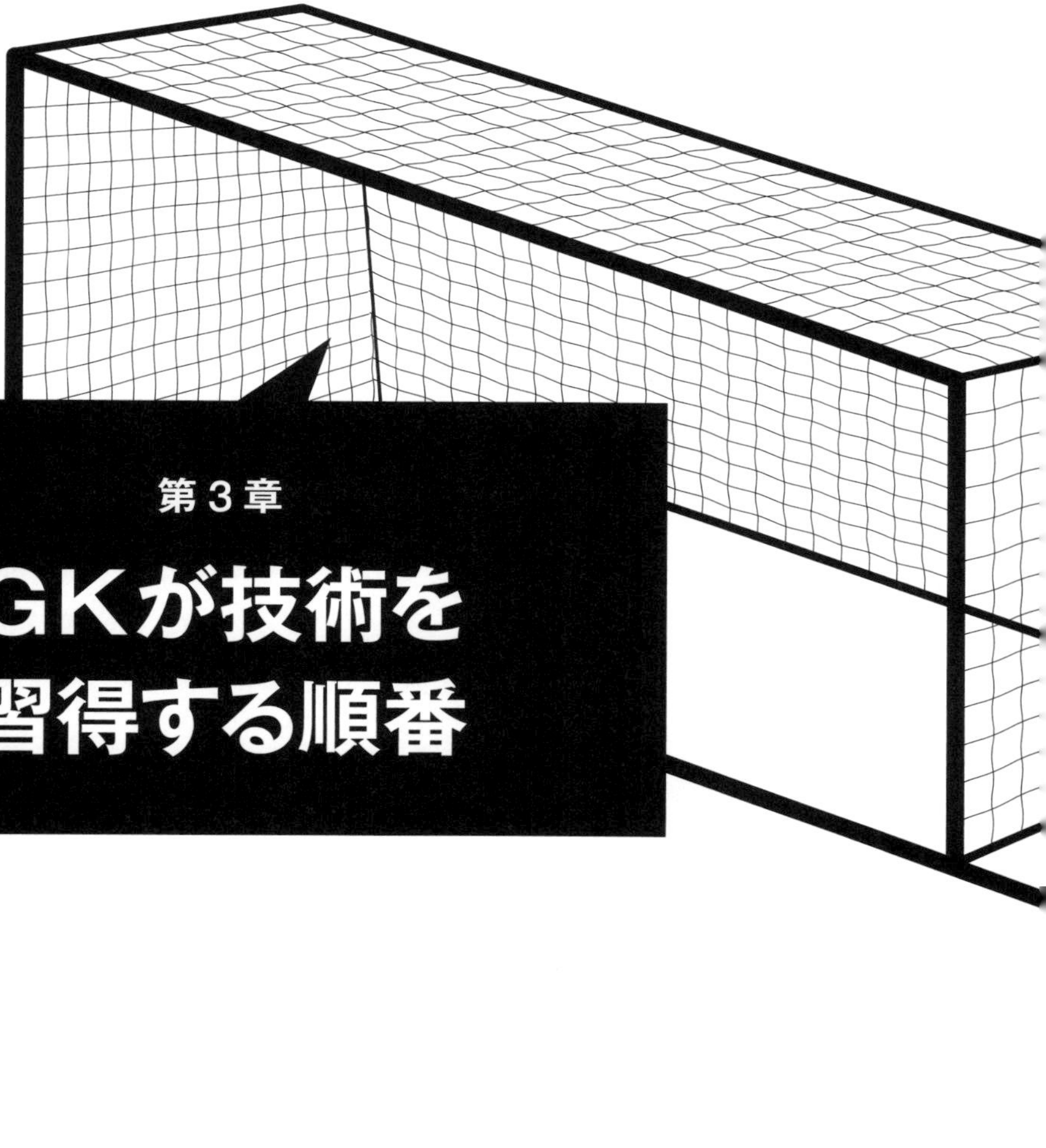

第３章

GKが技術を習得する順番

技術を教える明確な順番

「どのような技術の順番でトレーニングしますか？」「それはなぜですか？」

私は技術を教える順番が明確になっています。

全ての技術について詳細を説明するとこの本が10冊以上必要となるので、考え方をまず紹介していきます。この本では特にキャッチング、ポジショニング、そしてハイボールの考え方、具体的なアプローチ方法について話をしますので、是非みなさんもその考え方をもとにそれ以外の技術はどのように教えるべきか考えてみてください。

1．キャッチング

最初はキャッチです。すでに頭へアプローチもしました。心にもアプローチしました。それでは実際に何から練習するのか？　はじめはキャッチです。

ＧＫがキャッチをしたら相手の攻撃は終わりです。守備から攻撃に切り替わります。私はまずボールを弾くことから教えることは絶対にありません。もちろん、全てのボールがキャッチできるわけではありません。

しかし順番としてはキャッチできるボールを正しくキャッチすることが先です。

図4：トレーニングの順番

1	キャッチング	技術	
2	ポジショニング	技術	戦術
3	怪我予防	技術	
4	ハイボール	技術	戦術
5	ハンドフィード	技術	戦術
6	パワー	技術	
7	セービング	技術	戦術
8	倒れたあとの立ち上がり方、バランスを 崩したあとの倒れ方と立ち上がり方（修正）	技術	戦術
9	爆発力	技術	
10	リアクションスピード	技術	
11	1対1	技術	戦術
12	ダブルアクション	技術	
13	足でのプレー	技術	戦術
14	グループ戦術		戦術
15	グローバル	技術	戦術

ジョアンのトレーニングには明確な順番が存在する。「足でのプレー」や「グループ戦術」がかなり後ろの方であることがわかる。最近では足元の技術がフォーカスされがちだが、その前に習得すべき技術が多い

キャッチの技術があるからこそ、「取れなかった時の次の選択肢」が出てくるのです。基本的に弾く、取れそうだったら取るでは完璧な技術の習得にはなりません。

当たり前だと思われた方もいると思いますが、指導者、ＧＫコーチは正しいキャッチの仕方を選手に教えていますか？

私はスペインや日本でもなんとなく取れている、キャッチをしているＧＫがほとんどで技術的に正しい動きをしているＧＫに出会ったことがありません。

正しい技術として出来ているＧＫは実際には少ないです。偶然取れている。色々な方法でボールをキャッチしてしまっています。

とりあえずは取れているけど、「なぜか」と聞かれると説明は出来ない。そうなると時々こぼす、キャッチミスすることがあります。その時にたいていのＧＫはグローブに水をかけます。なぜだかわかりますか？

「おかしいな。どうも今日のグローブは滑るな」と思っているからです。

これはグローブの問題でも、今日は調子がいい、悪いという問題でもありません。単純に正しいキャッチの仕方を知らないのです。つまり、教えてもらったことがないからです。

キャッチの技術アクションの種類だけでも、15個あります。15個の場所があるのです。

つまり、どう取るかの場所が15パターンあるわけです。ワンパターンではありません。キャッチという言葉を一つで括ってしまうととても簡単で、ＧＫをやっている選手なら誰でも出来ていると感じるかもしれませんが、現実はそうではありません。

私の教える順番は育成年代の選手であっても、プロの選手であっても変わりません。誰もが最初は「正しいキャッチの仕方」からスタートです。

そしてみんな口を揃えてこう言います。

「これまで正しいキャッチの仕方を教えてもらったことがなかった」と。

後ほど、キャッチ、ポジショニングについて細分化し、どのようなアクションで構成されているのか？　どのように教えていくことが良いのかを解説します。

キャッチできないから弾くというのは当たり前なはずなのですが、世界的に見たときには真逆です。全て弾きにいって、取れたら取る。私はそれには賛同できません。ボールを弾くことによって相手にもう一度チャンスを与えてしまっているからです。

まず、シュートを打たれているので相手に一度チャンスを与えています。弾くことで２回目のチャンスを与えてしまっているのです。これでキャッチの重要性はわかると思います。

2．ポジショニングの概念を教えること

ポジショニングの概念は

「GKが最小限の力であらゆる戦術／技術アクションを起こすためにスペースを埋めること、相手FWへのゴールの可能性を限りなく低くすること」です。

キャッチすることの重要性が理解できました。次のステップはより簡単に「ボールをキャッチする」ことです。

ボールがどこにあるかによって、どこに立つべきなのかを知らなければいけません。

理想のセーブはジャンプをしないことです。要するに跳ばずにキャッチができる方が良いということです。

例えば、私が拳で壁を軽く殴ったとしましょう。1回、2回、3回ぐらいは痛くありません。

しかし、もし100万回やらないといけないとしたらどうでしょう?

何回も跳んで倒れるのは何のためですか?

跳ぶ時は、跳ばなければいけない時だけです。無駄に跳ぶ必要はないのです。跳んでセーブすれば観客は拍手し、喜んでくれます。もしかしたら監督もチームメイトも「ナイスセーブ」と言ってくれるかもしれません。

しかし、正しいポジションを取って、なんでもないようにシュートを正面キャッチすれば誰も称賛してくれません。それでもより効果的なプレーはどちらなのか明確ですよね。ポジショニングが正しければ、わざわざ跳ぶ必要が少なくなってきます。だからキャッチが出来たら、ポジショニングを教えないといけないのです。

3. 怪我予防

ここから少しずつ複雑な状況になります。この次にくるアクションのために怪我の予防をしないと、怪我をしてしまう可能性が上がります。正しい体の使い方ができるように準備しないといけません。

体に刺激を入れて、筋肉にも刺激を入れて、その次の動きができるように仕向けていきます。

4. ハイボール

ここでどうしてセービングや1対1が来ないのか?

それは多くのGKが一番苦手としているのがハイボールだからです。個人差がありますが、ハイボールに恐怖心を抱いている選手は多いのです。

そして改めてなぜキャッチが大事なのか？　それは最も簡単な正面のボールを正しくキャッチできない選手が走りながら浮いたボールをキャッチすることはできないからです。ハイボールの練習はキャッチできなければ終了します。だからキャッチができなかったらハイボールにいけません。全ての順番に理由があります。

どのように手を出すのか？　それぞれの高さのボールに対してどう手を出すべきかを知らなくてハイボールには行けないです。だから、キャッチングの練習をしていないのに、ハイボールの練習はできません。

5．ハンドフィード

ハイボールをキャッチするとボールを手に持っています。次は、キャッチしてから手でのフィードです。手での投げ方も、ショート、ミドル、ロングの距離でどう投げるかを教えなければいけません。さらに距離を出せるようにするためにも、フィジカル的な準備が必要になってきます。

6．パワー

ここでのパワーはストレングス（筋力）です。自分の体を支える力です。今までは、アクションをする際の衝撃に対して怪我をしないように準備するだけでしたが、今度はパワーを使わなければいけません。

パワーの練習をした後で、次のアクションに入っていけます。パワーを使うことによってセービング、横に跳ぶということができるようになります。どう体を使えば効果的にパワーを発揮できるかが重要です。

7．セービング

8．修正

ここでようやくセービングです。セービングしてキャッチして終われば良いですが、キャッチできずに弾くということもあります。

キャッチできなかったということは、次はその倒れた状態からどうやって立ち上がるかを知らなければいけないのです。では、最も速く立ち上がるにはどのように体を使うのが良いでしょうか。「速ければいい」ということではありません。それこそ「もっと速く立て！」「遅い！」と声をかけるだけで速く立てるならば誰も苦労しません。効率的に速く立つ正しい方法が存在するからです。

動画サイトには多くのトレーニングメニューがあります。私は常に動画サイトを見てメニューを参考にしてはいけないと言っています。

速く立ち上がって反応するトレーニングはたくさん載っていますが、どうやったら最も効果的に速く立ち上がれるかを教えている動画は一つもありません。手の位置、体の使い方を一つひとつチェックするとほとんどの場合が選手の感覚任せであるとわかるからです。

体の使い方の簡単な一例を出すと私はGKに「片手の腕立て伏せをしなさい、両手の腕立て伏せは必要ない」と言っています。

それはGKが両手で立ち上がろうとするとき、片手で自分の全体重を支えることができたなら余っている片手でボールを止める可能性が残されているからです。だから片手の腕立て伏せが必要なのです。

話を戻します。こぼれたボールに対してどのようにアタックに行くか？　も体の使い方になってきます。ここで「とにかくボールに突っ込め！」と教えてはいけません。気持ちは大切ですが、残念ながら気持ちで全ては解決できないのです。

9．爆発力

どうやって立ち上がるかを学んだら、今度は爆発力です。6番のパワーがストレングスでこちらがパワーになります。セービングの時にパワーを使いますね。こぼれて逆サイドにシュートを打たれるような状況です。

10. リアクションスピード

今度は反射、反応の練習です。この反応、反射はこぼれたボールに対してどこに打たれるかわからない状況になってしまった場合、そのシュートに反応することです。あらかじめ遠い距離からシュートが来るなという予測できた状態からの反応ではありません。

これは完全にリアクションになるので、ボールは再びこぼれることが多いです。

11. 1対1

ようやく1対1の状況です。スルーパスを出されて1対1になってしまったという状況も考えられます。

私は1対1の状況でGKが対処する際の型をABCという3つの種類に分けています。「ボール」と「自分」と「FW」の距離の関係で3種類に分けているのです。だから、1対1はこういうトレーニング！というのは「どの状況で?」を考慮していなければなりません。これも動画サイトにトレーニングメニューが出ていたり、試合中のシーンの切り抜きを見たりしますが、「3種類のどの1対1のことなのか認識しているのかな?」と疑問に思います。

12. ダブルアクション

①セービングが1回目のファーストアクションです。セービングして取れませんでした。②もう1回ダイブしたり、セービングしたりします。①から②までのアクションの連続のことをダブルアクションと呼んでいます。①と②の間にどう立ち上がるかがあって、この①と②を全部総称してダブルアクションです。

12の技術、戦術アクションを理解していなければ次の段階には行けない

12番まではGKとしての技術/戦術アクションです。

ここまで完璧に理解していないとフィールドの選手と一緒にプレーする段階にいけないのです。

これらのGKアクションを知らずに足元が上手くなっても私はそのGKが心配でたまりません。

個人でやらなければいけないことが全部習得できてから、チームとしてどうプレーするかというところが絡んできます。それこそ「ゲームモデルによって変わるんですか？」と聞かれることはありますが、ここまでは一切変わりません。

昨今の監督はグローバルの部分や、足でのプレーにしか重要性を見出していません。GKに対してそれだけしか求めてないとなるとそのチームは負ける可能性が高くなります。例えばクロスが上がってきました、キャッチします、スローを投げます、サポートにいきます、足元で受けて、サイドチェンジするまでの一連のプレーです。

しかし、一つひとつのアクションの詳細、使い方を全部知らない、理解していないと実行する際に問題が生じてしまいます。ここからはキャッチ、ポジショニング、ハイボールにフォーカスしていきます。

正しいキャッチの仕方

まず、正しいキャッチの方法について学ぶ方法の第一歩として、どうやってやってはいけないかを教えることが重要です。

こうやって取りなさいと言うだけだと選手に迷いが出てきます。「この場合はどうなんだ？　あの場合はどうなんだ？」というように。

「これはやってはいけない。なぜならこういう理由があるから」とダメな理由から詰めていき、結果的に残った「このやり方が正しい」となると、迷いがなくなります。

教えているGKに確信を持たせたいならば「これが正しい！」と教えることも重要ですが、やってはいけないことから教えるのも一つの手です。私自身が30年にわたる指導を通して、「このやり方はどうなんだ？」「これだとこういうデメリットがあるな」と失敗をし続けながら、より効果的なやり方を追い求めているのです。最後はみなさんがどのやり方でやるかを選択してください。

1．手の正しい置き方

①ボールの大きさをきちんと理解させることが必要です。ほとんどの選手は「手を上げてキャッチングの形を作って」というとボールの大きさよりも大きい形を作ってしまいます。それだとボールがこぼれてしまうのは当然です。みなさんもボールなしで、「キャッチできる手の形を作ってみてください」　手の平が下を向いていませんか？　その場合は実際にボールが来たら下に落ちてしまいます。
②指先に力を入れないといけません。選手に目をつぶらせて頭をボールに見立てて掴ん

であげると感覚を掴みやすくなります。ここでボールを両手で挟むように動かしてしまうと、ボールはこぼれてしまいます。重要なことは「ボールをお母さんのように扱うこと」です。つまり愛情を持って、優しく扱うのです。お母さんをはたいたりしないですよね？力を入れるべきなのは手の平ではなく、指先です。指を曲げてボールの形を作ります。

③親指から手の平にかけての部分がボールを一発でキャッチするために大切であることを理解させます。多くの選手はボールをキャッチさせた際にその部分がボールから離れてしまっている（極端に言えば指だけでキャッチしているような状態）、手の平とボールの間に空間ができているというのは手全体でボールを包んでいないことになります。手の甲が自分の方を向いているのはおかしいのです（ボールの形に合わせると手の甲は自然と外側向くようになります）。

④キャッチング時に親指同士が平行の状態になっている必要があります。また親指同士の距離は指三本分空けます。これがしっかりできていないと顔の正面にシュートがきた際に、シュートパワーに負けて手の平が広がりボールをこぼすことにつながってしまいます。または顔面にボールが当たります。指と指の間を広げるようなトレーニング、指の力を強

めるトレーニングは必要になります。指と指の間が広がらない、親指に力が入らないということがあるとボールをこぼしてしまいます。

⑤キャッチング時に手の平全てがボールを感じる必要があります。特に小指の下から手のひらにかけての部分に注意します。この部分も必ずきちんとキャッチさせます。手の平全体でボールを感じさせることが必要です。ここまで確認すると実はボールは自分が思っているよりも小さいことに気がつきます。

⑥怖がらずボールをきちんと見続けることです。両手の間からボールがしっかりと見えている状態が正解です。もう取れたと思って、次のプレーのために目をボールから切ってしまうことでキャッチミスが起こることは意外と多い事例です。この習慣がついていないとセービングの時に両腕の間から顔を出していないことで、ボールが自分の腕に隠れてしまい見えていないということが起こります。

⑦キャッチの瞬間に指を動かしてしまう選手が多いので注意が必要です。あくまで正しく手を置いてそこにボールが「入ってくる」だけ。待っているという感覚です。

キャッチの悪い例

手の平とボールの間に空間ができてしまっている

手の平が下を向いてしまっている

動画 がついたメニューは動画で確認できます。
15ページを確認ください。

⑧ボールの真後ろに両手を添えます。上すぎたり、手の位置が誤っていたりすると、手の力が正しくボールに伝わらないためキャッチできずにファンブルしてしまう可能性が高まります。

2. 手の出し方

両手は正しい手の置き方を作った状態で太もも前あたりから「ボールの形そのまま」に出します。

身体の後ろに腕を降り上げてからキャッチしにいったり、両手を広げてボールを掴みにいったりしてはいけません。正しい手の置き方のままでボールの軌道上に手をあげて、ボールがそこに「入ってくる」イメージです。

ボールを掴みにいくと、正しい手の形に軌道上で手を修正しなければいけないですし、そもそも正しく手を置けない可能性が高まるためミスが起きやすくなってしまいます。また、軌道上に手を置くまでに時間がかかることも理由の一つです。ハイボールの対応も同じで両腕を身体の後ろに振り上げてはいけません。先に軌道上に手を出して空中で「待っている」イメージです。手を出すスピードは今まで言われていたタイミングよりもはるかに早く出さないと間に合いません。

3. 手を出すスピード

手を出すスピードは可能な限り早く軌道上に手を置くことが重要です。早めに手を出して待っておいて、そこにボールが入ってくるイメージが正解です。ほとんどの選手はボールが身体の近くにきてからキャッチングにいきますが、それでは遅すぎます。ギリギリに手を出すと修正が難しくなり、焦って手を出すことになってしまいキャッチミスにつながります。練習する際は実際に手本を見せて違いをわからせるのはもちろんのこと、「手を軌道上に置いてから心の中で2秒数えられるくらい余裕がないといけない」と伝えるとわかりやすいです。

この感覚をつかむのに時間がかかることが多いです。重要なのは、ボールに対して手を出して待っていることです。ボールの大きさに手が作れていないとこぼれてしまうことになります。

4. クロージング

ボールをキャッチしたら、そのボールをきちんとクローズ（ボールを胸元にしまう）する必要があります。これができないと走り込んできたFWや味方DFとぶつかった際に

クロージング

動画

両手からボールが離れないようにする。片手をサポートに使い、
逆の手を滑らせるように両手を重ねる

動画 がついたメニューは動画で確認できます。
15ページを確認ください。

ボールをこぼしてしまいます。クロージングはキャッチしたら必ず行う必要があります。

これもクロージングできればなんでも良いではなく、正しい方法があります。

片手をサポートに使い、ボールを回すように逆手を滑らしながら両手を「重ねる」。この際に両手からボールが離れてはいけません。また、どの位置でボールをキャッチしてもキャッチした位置から必ず最短距離で胸元にボールを持っていきます。つまり、正面の上でキャッチしたボールをまず下げてから改めて胸元にもってくるのではなく、上から直接胸元にもってくる必要があるのです。

5．キャッチングの3ゾーン

ゾーン1：胸下から上
ゾーン2：胸下から膝の少し上まで
ゾーン3：膝の少し上から下

必ずゾーン1→2→3の順番で教えます。難易度が低いものから高くなっていくため子どももわかりやすく成長しやすいのです。

ゾーン1とゾーン2の違いはゾーン1でボールの大きさに合わせた正しい手の出し方を維持したまま下に下げると体の構造上、これ以上ボールの形に手を維持することができな

手は太ももの前あたりからボールの形そのまま出す

動画

両手は正しい手の置き方を作り、ボールの形のまま前に出す

動画 がついたメニューは動画で確認できます。
15ページを確認ください。

ゾーン2の取り方

ゾーン２のボールはボールとゴールの間に自分の体を入れ、
同時に腕でボールがこぼれないように閉じるイメージ

動画 がついたメニューは動画で確認できます。
15ページを確認ください。

ゾーン3の取り方

動画

手をボールの形にしたまま真下に下げていく

動画 がついたメニューは動画で確認できます。
15ページを確認ください。

い場所が出てきます。その地点から下がゾーン2となります。

なんとなくお腹に来るボールはゾーン2で、という曖昧なものではなく、ここでも明確な基準を示す必要があります。ゾーン2のボールはボールとゴールの間に自分の体を入れて腕は下げる。最初にボールがコンタクトするのは腕ではなく、お腹になる。同時に腕でボールがこぼれないように閉じるイメージです。ここでもボールが入ってくるのを待つイメージとなります。

腕を前方向に出して待ってしまうと最初に腕に当たることになり、そのまま上にボールが跳ねて失点につながってしまいます。腕を前に出してボールを迎えてはいけません。

ゾーン3の取り方

ゾーン3はゾーン2で手を下げた位置よりもさらに下のボールということになります。実質グラウンダーのボールになります。この手の出し方も同じくボールの形にしたまま、腕を真下に下げると同時に自分の体も下に下げるイメージです。強いボールがきたらボールを弾いてしまうのではないか？　と思われるかもしれませんが、正しいボールの形に手を置いていれば、手と地面でボールを抑えることができます。また正しい腕の位置、足の

ゾーン3でキャッチした後は必ずクロージングすること

動画

正しい体の状態でクロージングすることでこぼれた場合、
すぐにアプローチすることが可能

動画 がついたメニューは動画で確認できます。
15ページを確認ください。

ゾーン3のキャッチング後の悪い例

動画

足が開いてしまっている

膝を立ててしまっている

動画 がついたメニューは動画で確認できます。
15ページを確認ください。

閉じ方をすることでボールのスピード、衝撃を吸収することができます。

そしてキャッチしたら必ずボールをクロージングするために前に跳んで倒れます。この時に膝を曲げた状態にしないことが重要です。さらに足が開いてはいけません。

もしボールがこぼれた場合にもう一度立ち上がって、ボールにアタックしなければいけなくなってしまうからです。膝が伸びきった状態で倒れれば、1歩で起きて、2歩目でボールにアプローチに行くことができます。それ以外の体の使い方になっていると、次のプレーができません。ボールをキャッチしたら体を全て投げ出して地面に倒れることが必要です。お腹もしっかりと地面につけることがポイントです。

キャッチングの3種類の方向

①正面
②ワンステップ分横
③ツーステップ分横

キャッチングには3種類の方向があります。これ以上横にシュートがきた場合、横跳びしなければいけませんが、この範囲内にシュートがきた際にむやみに跳ぶとファンブルの可能性を高めてしまい、怪我の可能性も高めるため跳んではいけません。

ステップのみでカバーできる範囲は左右後に約2．5mです。

そして実際のゴールの大きさが7．32mです。ゴールの中央に立ち左右どちらか一方向にシュートがくると仮定すると（7．32÷2）－2．5＝1．16となります。つまり横跳びで守らなければいけない範囲は一方向に限定して考えれば約1．2mという短い距離となるのです。

試合中に跳ぶのは何のためなのかを考える

ゾーン3までキャッチがきちんと理解できたら、実際にみなさんが考えるトレーニングを行っても良いのです。正面のゾーン1、2、3の取り方、今度は横に1歩動くパターン、そして2歩まではどうするかがわかっているからです。このことを理解していないのにいきなりキャッチの練習をしても、なぜ取れたのか？　なぜ取れないのか？　取れているけど何がミスなのかがわからず、「集中力が足りない」と呼ばれるミスを繰り返すことになるのです。

「みなさんは試合中に跳ぶのは好きですか？」

私は好きではありません。もちろん跳ばなければいけない状況があるから跳ぶ練習をするわけですが、横２歩分のボールなのに跳んで取るＧＫがいますし、周りで見ているコーチも親も「ナイスセーブ！」という評価を下します。

セービングするのはなんのためですか？　観客から拍手喝采を得るため？　かっこいいから？

跳ばなくても良い状況にもかかわらず、知らずにとにかく跳ぶということを繰り返すと怪我のリスクが高まります。太ももの外側、腰のあたりを何度も地面にぶつけることでひどい打撲になり、長年それをやっていると引退をして歳を取った時に歩くのも困難になることもあります。

跳ぶ回数を減らし、可能な限り正面でボールを取れるようにするのに重要なのはポジショニングです。

最小限の力でボールを取るためのポジショニング

ポジショニングが大切な理由は二つです。怪我のリスクを抑えることと難しいシュートを簡単にキャッチできるようにするためです。

正しいポジショニングを取るために必要な大前提も二つ。

①全てのサイズ、長さを把握すること。

②ゴールは存在しないということを理解すること。

ポジショニングの理解を進めるために最初にすることは、ゴールの大きさ（幅、高さ）、エリアのサイズを全て理解することです。GKコーチのみなさんは、GKにゴールの大きさ、ペナルティーエリア、ゴールエリアの長さ、ゴールラインからペナルティーマークの長さが全て何mか選手に聞いてみてください。

「だいたい5mくらい？」

「ゴールの幅？　わからないです」と、固まる選手はいませんか？

全てのサイズを答えられないとしたらその時点で問題です。

なぜなら5.5mにボールが入ってくるところが自分のボールに対してアタックに行ける距離の基準になるのですが、「5.5mってどのくらいの距離なのか？」が理解できないからです。

このピッチ全体のサイズは場所によって多少変わることがありますが、どのグラウンドに行ってもゴールの大きさ、ペナルティーエリア内のラインは決して変わることがありません。

GKは自分の「家」がどういう構造で、どこに何があるかをわざわざ見なくてもわかる

参考：ペナルティエリア、ゴールエリアなどの長さ（単位はすべてm）

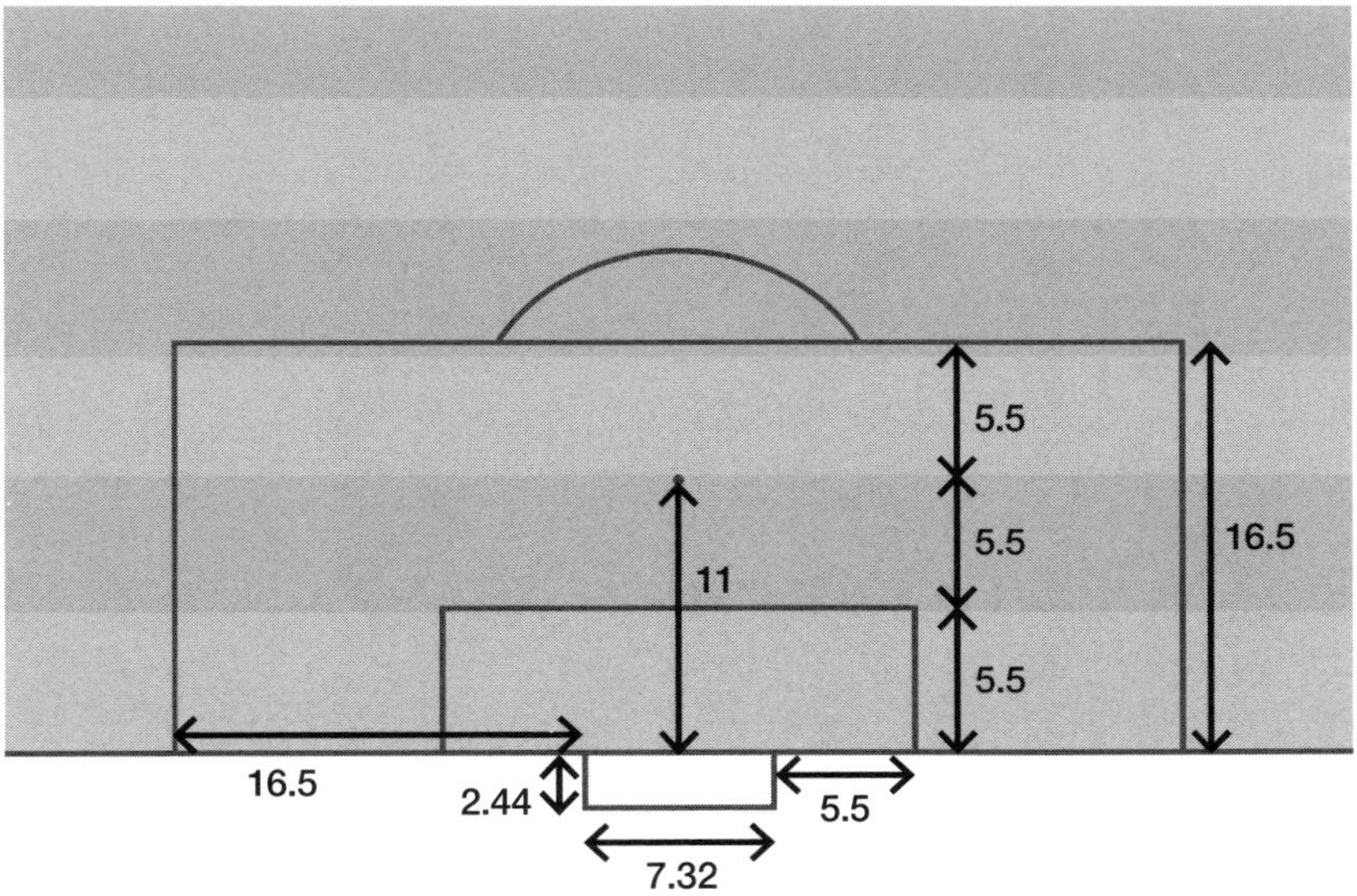

ゴールキーパーが最低限覚えておかなければならないペナルティエリア、ゴールエリアなどの長さ。ちなみに覚える際は「×３」で覚えるが良い。2.44m（ゴールの高さ）× 3=7.32m（ゴールの幅）、5.5m（ゴールエリアの縦の長さ）× 3=16.5m（ペナルティーエリアの長さ）

レベルになっていないといけません。つまり、全てのコート、ゴールのサイズを知らずにGKはできないのです。

私は講習会に参加している子どもたちにも繰り返し言うのですが、「GKは賢くないとプレーできないポジションです。だから一番大切なのは学校の勉強をきちんとすること」と強調して伝えています。

「二等分線」だけでは十分ではない

サッカーのピッチ上に私は「ゴール」は存在しないと考えています。
GKの仕事はゴールを守ることだと言ったはずの私が「ゴールは存在しない」と言っています。この意味を理解する必要があるのです。しかし、この感覚は世界中ほとんどのGKも持っていないものなので、すぐに理解できないのも無理はありません。
守るべきゴールはボールから二等分線を引き、自分の横に現れているのが実際に守るべきゴールなのです
ポジションを高く取れず、ゴールの下にへばりついてしまうGKは実在するゴールに囚われてしまっているのです。前提としてエリア、スペースを守ることによってシュート自

図5：守るべき本当のゴール

動画

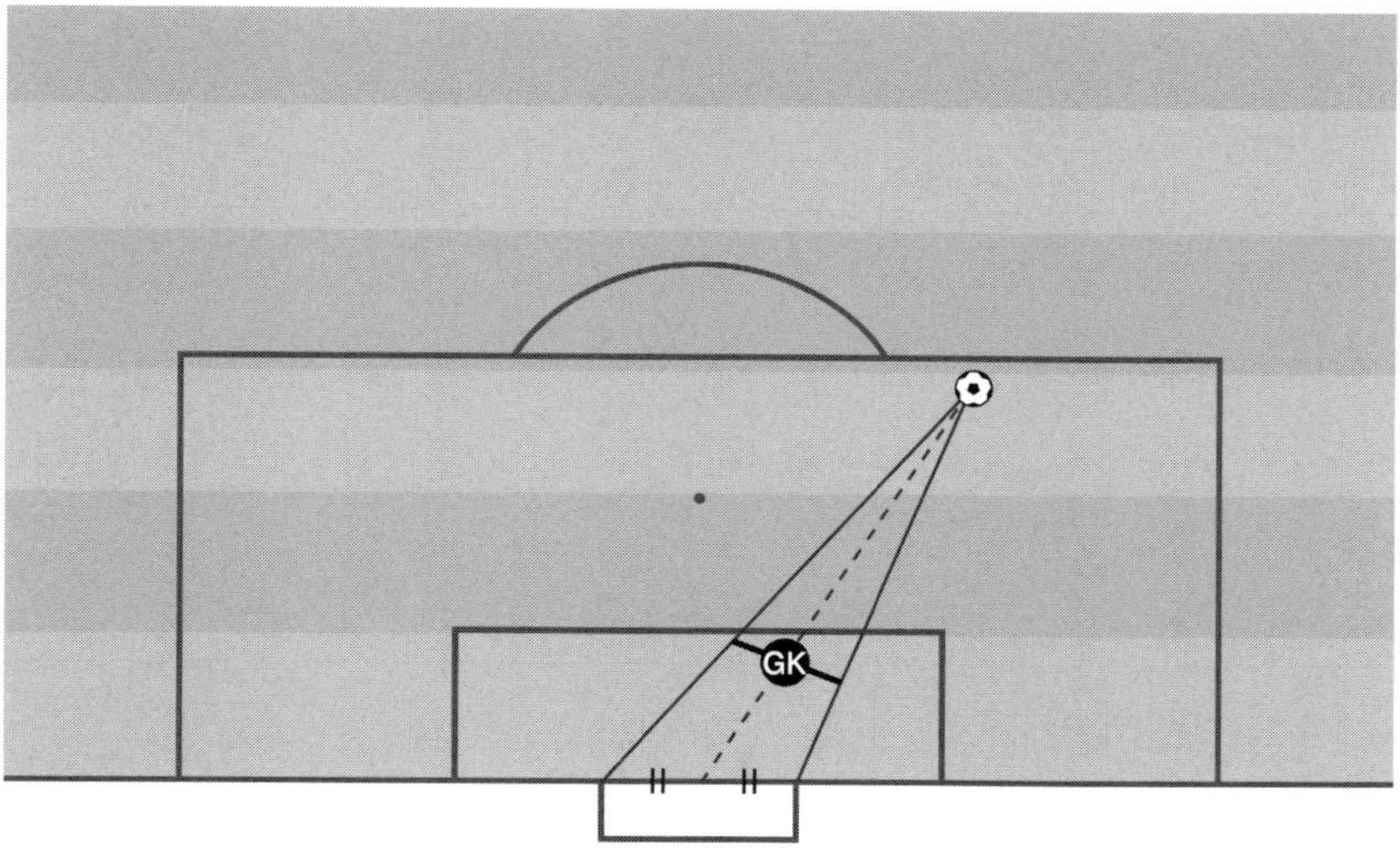

GKはボールから両ポストに線を引いた2等分線上に立つ。守るべき本当のゴールはＧＫの横に現れた線。ポジショニングを理解するときはまず、この感覚をつかむことが重要だ

動画 がついたメニューは動画で確認できます。
15ページを確認ください。

体を打たせないことが可能ということです。

この感覚がないと、本来であればボールにアタックに行くべきところで行けずシュートを打たれてしまいます。実在するゴールは大きいですが、実際に守らなければならないゴールは、正しいポジショニングを取れていればそれほど大きくありません。

ポイントは前、もしくは横に跳ぶということです。ほとんどのGKは実在するゴールに意識がいきすぎてしまって後ろに跳んでしまいますが、それでは簡単に防ぐことができるシュートも難しくなってしまいます。ゴールへの扉を開けるのではなく、閉める必要があるのです。ここで忘れてはならないのは、ゴールには高さもあるため二等分線上で実際に守らないといけないのは二次元ではなく三次元ということです。

重要となってくるゴールエリアの半円ゾーン

問題となるのは、試合中に二等分線はどこにも引かれていないことです。つまり目印がないので、結果、試合中のポジショニングはずれる、ボールに釣られるということが起こります。

それ以外の目印で、基準を持たせるのが私の考え方です。さらに二等分線を理解することで横のポジショニングはわかりますが、「高さ」は明確になっていません。二等分線の真ん中には立っているけど、前すぎる、後ろすぎるという前後の基準が作れないのです。

だから、私は半円を使います。ポイントとなるのはゴールエリアの半円ゾーン（実際には少しいびつな形の半円）です。なにを基準に半円ゾーンにいなければいけないかをマーカーを使って伝えます。

半円ゾーンから1歩出てしまうだけで2歩分損をすることも選手に理解させる必要があります。例えばニアポスト側にポジションを取っていて、センタリングが上がり、シュートをファーポストの上角に打たれた場合、正しくポジショニングできていれば3歩で踏み切れる位置まで到達することができますが、半円ゾーンから1歩外に出てしまうと、踏み切るまで5歩必要になります。踏み切る足は変えることができないからです。だからゾーンはどの位置からでも最も遠い位置に3歩で踏み切ってセービングできる位置を考えられて作られています。

ボールが移動する度に修正する必要があります。ポジションを移動する際はステップを踏みます。細かいステップを何度も踏んだりしないことです。ワンステップ、ツーステップ、クロスステップときちんと基本に沿ったステップを踏むようにしましょう。

図6：重要なのは横もしくは前向きに跳ぶこと

動画

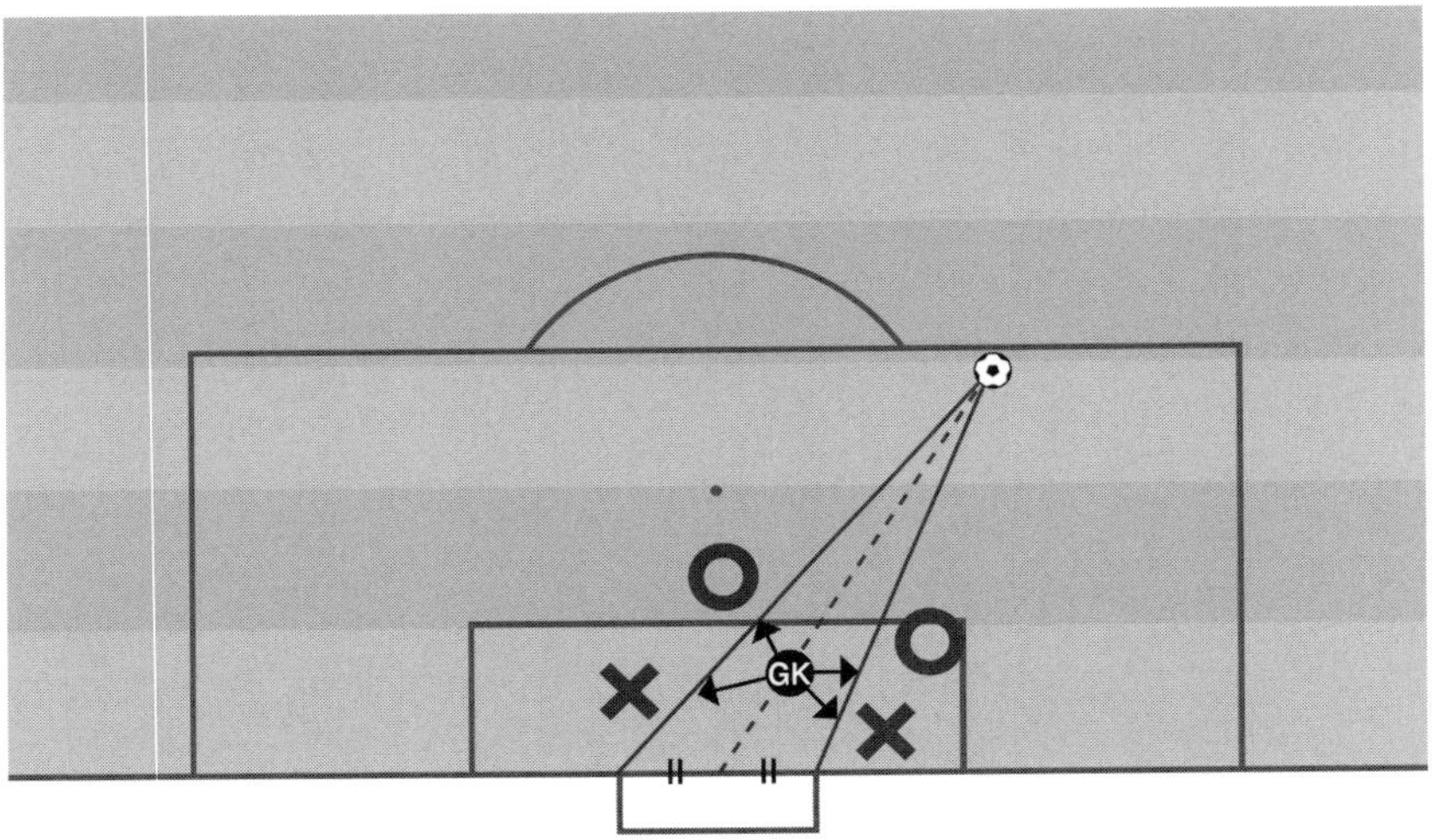

後ろに跳ぶことで守るべきゴールが広がってしまっている。二等分線上に立ったら横、もしくは前に跳ぶことで守るべきゴールを小さくすることができる

動画 がついたメニューは動画で確認できます。
15ページを確認ください。

図7：二等分線だけでは「高さ」がわからない

動画

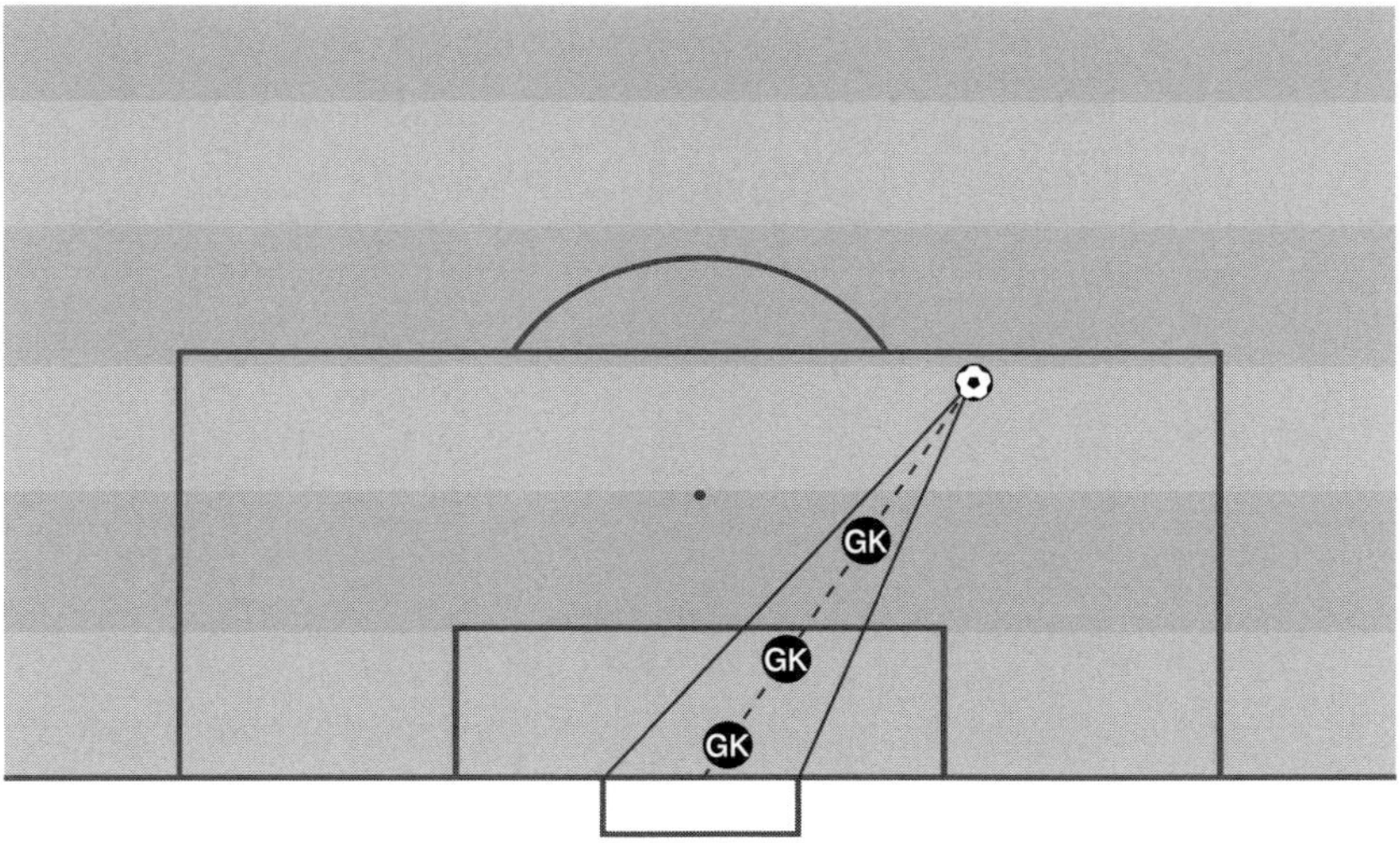

二等分線上に立ったとしてもどの高さが正解かはわかりにくい。前過ぎたり、後ろ過ぎたりしてしまう。

動画 がついたメニューは動画で確認できます。
15ページを確認ください。

グラウンド上からわかる7つの基準（図8）

「0」の基準
ゴールの真正面のペナルティーエリアのライン上。
「1」の基準
「0」の基準とペナルティーエリアとペナルティアークの交点との中間地点。
「2」の基準
ペナルティーエリアとペナルティアークの交点。
「3」の基準
ペナルティーエリア角とゴールエリア角を結んだ中間地点。
「4」の基準
ゴールライン上でかつペナルティーエリアとの外枠の間。

そして「2」の基準と「3」の基準の間の「2.5」、そして「3」の基準と「4」の基準の間の「3.5」と合計7つあります。実際の試合では二等分線はありません。この基準を目安にGKは動きます。

「ＧＫはボールに合わせて動く」ということが勘違いされているのですが、ボールが動いた分だけ動くわけではありません。

・ボールが「０」から「１」まで移動した場合は１歩
・ボールが「０」から「２」まで移動した場合は２歩

ボールが長い距離移動したとしても、ＧＫが実際に移動する距離は短くするべきなのです。残念ながらプロアマ問わずＧＫが動きすぎてしまっている場面が散見されます。注意しなければいけない点は、ゾーンの真ん中から横に移動する際、クロスステップを使って移動する時の最初の１歩を「半円ゾーンに沿って」踏み出す必要があります（つま先が線と平行）。横に最初の１歩を踏み出すとクロスステップした際にゾーンから出てしまうからです。

ポジショニングを理解する上で重要なのは実戦での経験

正しいポジショニングはとても大切ですが、いざシュートが打たれる際に動いてしまう

図8：ゴールエリアの半円ゾーンとグラウンド上の7つの基準

動画

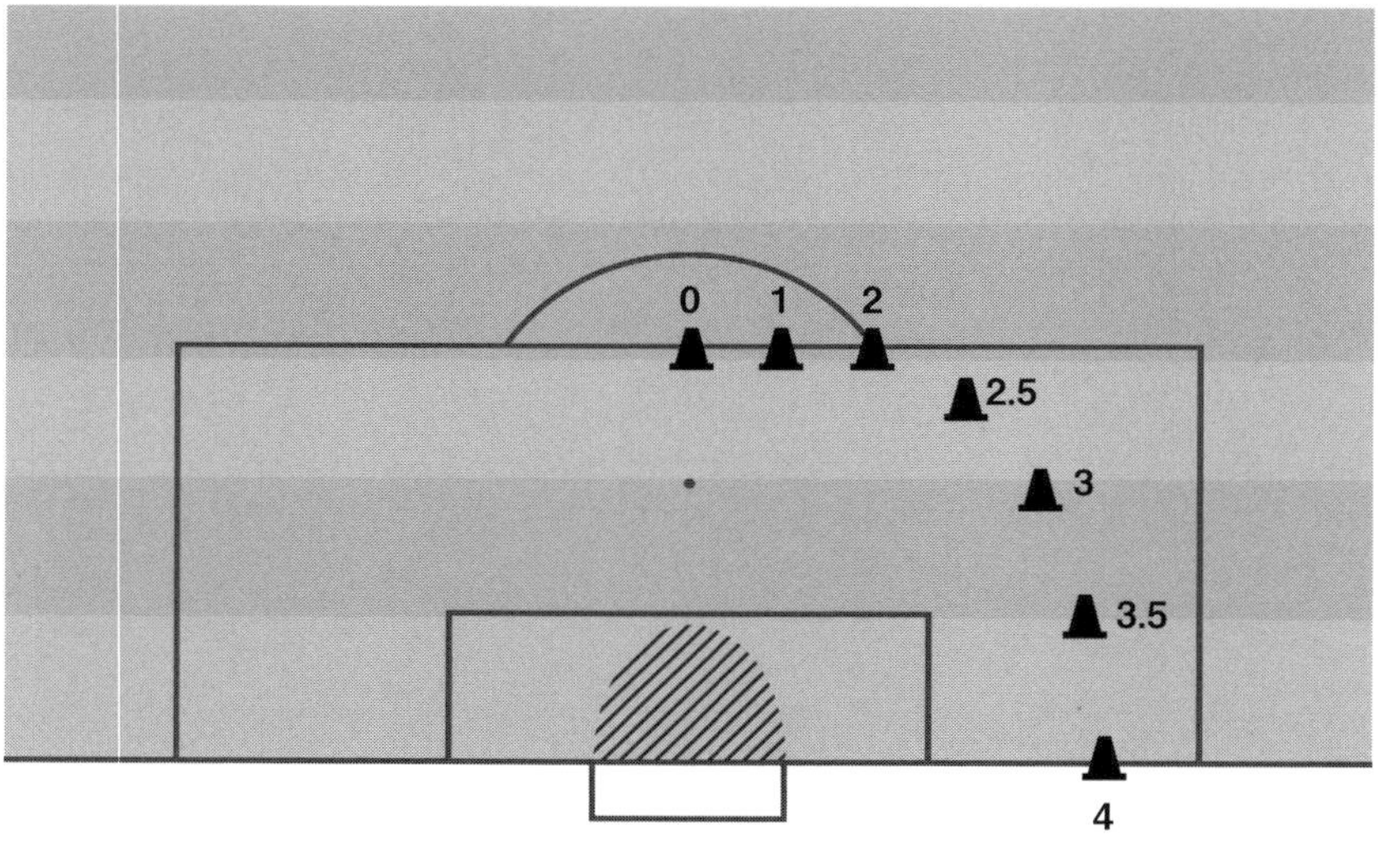

ボールが長い距離を移動したとしても実際にＧＫが動く距離は少ない

動画 がついたメニューは動画で確認できます。
15ページを確認ください。

のは絶対にＮＧです。ポジション移動が間に合いきっていなくてもシュートが打たれるのであればきちんと止まって対応する必要があります。動いていたら絶対に身体は反応できません。優先順位は「止まっている」ことの方が上です。

ポジショニングは状況次第です。基準はあくまでも基準でしかありません。目の前にＤＦがいてボールが見えないのに「正しいポジショニングだから」とＤＦの後ろに立っているのは本末転倒です。あくまでも一定の基準の中で状況に応じて判断を下していきます。そのためには実戦練習が不可欠です。

また、基本的に半円ゾーンのポジショニングはボールがペナルティーエリアの外にあっても適用されます。常に直線ではなく、円上を移動していくイメージです。例えば、ボールが少し横に展開されたら、真横ではなく、斜め後ろに戻る必要があります。なぜなら縦パスが出た際に前に出過ぎていて、アタックしか選択肢がなくなってしまうからです。アタックするのは良いが、常に戻ることも選べる状態にしておかないといけません。逆に戻りすぎたら今度はアタックができなくなるので常にボールと一緒にポジションを移動する必要がある。ピッチにはなぜ円が存在しているかを考えさせるスパイスにしてあげましょう。センターサークルやペナルティアークという円があるのは、サッカーにおいて円の動きが不可欠だからです。

ハイボールにおける3つの基準

ハイボールをキャッチする際、私は３つのゾーンに分けています。

①出て良い「青信号」のゾーン
②出ると決めたら出るべき「黄色信号」のゾーン
③出てはいけない「赤信号」のゾーン

青信号、黄色信号、赤信号に例えて、３つのゾーンがあります。青は必ず出てキャッチしなければいけないゾーン、黄色は出ると決めたら出ないといけないゾーン、赤は出てはいけないゾーンです。

また、動いて良いのはボールが蹴られてからです。蹴られる前に予測して動いてしまうと、もし予測が外れた場合修正するのに時間がかかります。その時にもボールは動いているのです。

図9：ハイボールの３つのゾーン

動画

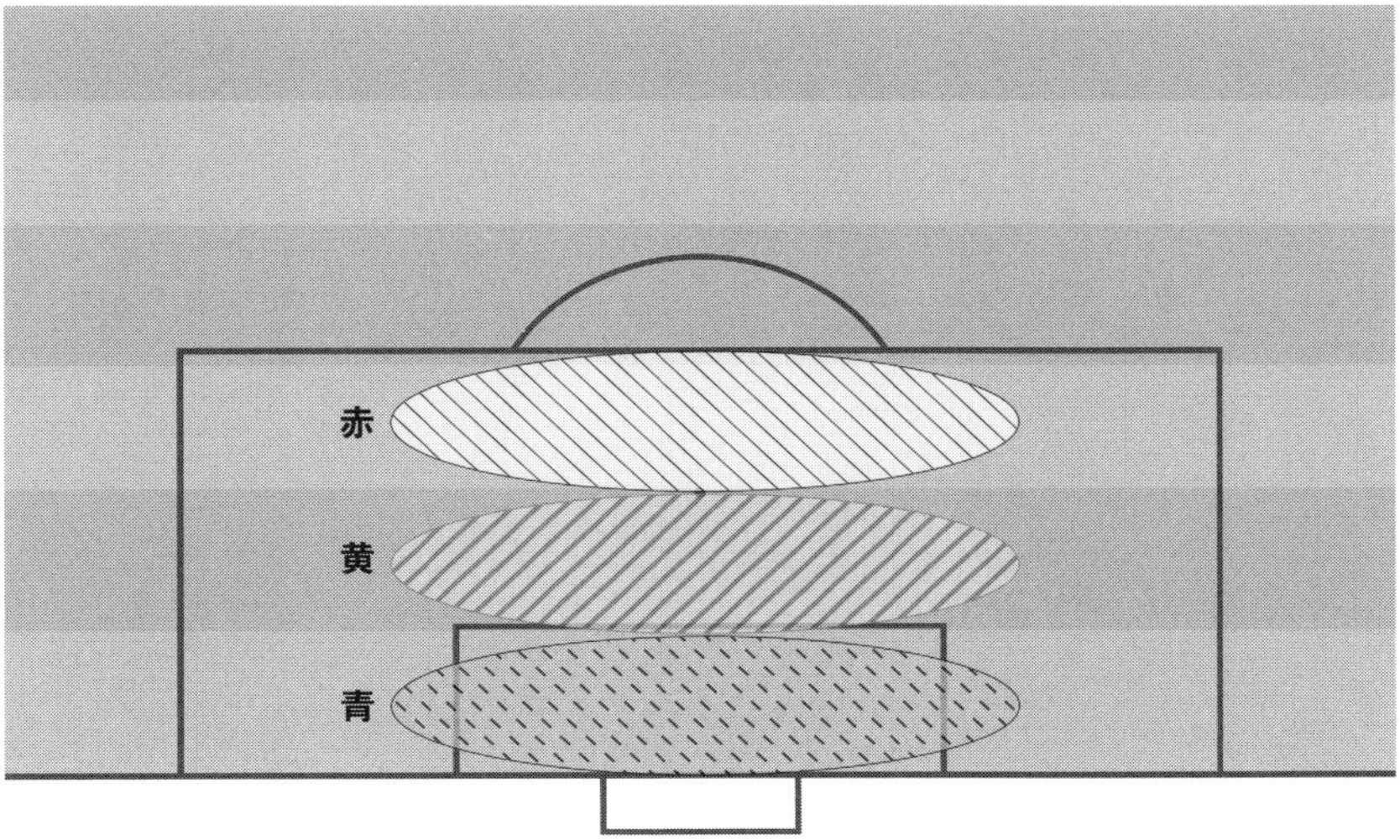

ジョアンはハイボールに関して3つのゾーンにわけている

動画 がついたメニューは動画で確認できます。
15ページを確認ください。

ハイボールの苦手意識を克服する手順

これからコーナーキックを蹴るからゴール前で構えてと伝えます。キッカーの選手がボールをセットしてGKに聞きます。

「ボールまでの距離は距離的に近く感じるか？　それとも遠く感じるか？」

ほとんどの選手は「コーナーまでの距離は近い」と答えます。

この考え方を変える必要があります。GKの足にテープを付けて、コーナーアークのセットされたボールまで伸ばします。この距離と同じ長さをゴールの中央からピッチの中央に向かって伸ばした場合、どこまで離れるでしょうか。

ほとんどハーフウェーラインまで近づく距離感になります。

今度はそのハーフウェーライン付近までのびたテープのところにボールをセットします。ゴールの中央からボールを見た場合、かなり遠いと感じます。コーナーフラッグ付近にセットされたボールまでの距離とハーフウェーライン付近にセットされた距離は全く同じ。このように説明するとGKはハイボールに対する恐怖心が薄れるはずです。

さらにボールの初速は速いかもしれませんが、ゴールに到達する時点ではかなり減速しています。

前の項目でゴールエリアの５．５ｍの範囲（青信号のゾーン）は絶対に出なくてはならないと述べましたが、そのことを最初に伝えると多くの選手は「難しい」と答えます。しかしコーナーフラッグ付近にセットされたボールまでの距離感が遠いことがわかるとそれが簡単なように感じるはずです。

ボールの軌道を確認する

ハイボールを攻略するためにさらに細かくステップを進めていきます。

コーナーキックは距離として遠く怖くないとわかり、その後正しいポジショニングを理解したら「ボールの軌道を見る」という段階になります。

コーナーから蹴られたボールを何度も見てもらいます。

それによって自分の頭の中でタイミングを計ります。ボールがどの高さなのか、どの高さで落ちだすのかボールの軌道を見て計算します。

そうすることでＧＫは「ボールがそこまで速くない」ということに気づきます。

実はハイボールが苦手になる原因は焦りからボールは速いと勝手に思い込んでいるだけ

です。この思い込みを外すためにはこの手順を踏まないといけません。
○コーナーキックを例に自分からボールまでの距離をテープで示し、その距離が遠いことを認識
○ボールスピードが遅いことの認識

この2つがわかるとハイボールに対する恐怖心は減っていきます。

実際の試合では、GKから見ると相手選手や味方が目の前に多くいる状況が多いですがボールが青信号のゾーンに入ってきた場合は、最短距離でどうボールにアタックするかを考えます。ほかの選手のことを考えてはハイボールには出られません。

正しい1歩目の出し方

ハイボールの種類は大きく分けて3つです。
①ニア（ニアポストの選手、ストーンの選手が触れられない高さ）
①ゴール中央付近
②ファー

この３つの種類に対して最初に出す１歩目は同じで良いでしょうか？　ほとんどＧＫは①のニアに来たボールの場合ついつい近い方の足を先に動かします。③の場合も同じです。無意識にボールに近い足の方から動き出してしまいます。

これらの無意識下のプレーではいずれも１歩目が逆になっています。例えば①のボールに対して１歩目が近い方の足にしてしまった場合、２歩目ではまだ跳べません。もし、遠い方の足が１歩目だと２歩目でもう跳べる姿勢が作れます。

だからこそハイボールに出ていく場合、正しいポジションを取ることはもちろんですが最初の１歩目を間違えたらハイボールは防げないのです。

無意識ではすべてボールに近い方の足からスタートしてしまい、結果的にボールに届かない、跳ぶためのステップを踏んでいる間に先に相手に触られてしまうということが起こってしまいます。

最初の１歩目をどう動かすかだけに集中することが重要です。

GKに足元の技術は必要か

毎回議論になるので、グローバルの象徴である「足元の技術」について私の意見を伝えます。サッカーがより進化し、GKもフィールドプレーヤーのように足元の技術が必要だという世の中の風潮に私は真っ向から反対します。

もうこの議論と実践を私は20年以上も前に体験しているからです。

それは1990年後半にフランス・クック（Frans Hoek）というオランダ人GKコーチがFCバルセロナのGKコーチになったことがきっかけでした。彼はファンデルサールを育てたGKコーチとして非常に有名な人で、スペイン中で「これからの時代GKは足元だ！」となったのです。

私は最初「GKの第一目的はゴールを守ることだから、まずその技術が重要」だと思い、特に考えを変えたりしませんでした。しかし、周りのコーチがみんな口を揃えて「これからの時代は絶対にGKも足元の技術が必要になるからフィードの練習をしたほうがいい！」としつこく言うので、「そこまで言うならわかった。やってみよう」と足元の技術トレーニングを取り入れていきました。

すると半年後、私が教えたGKたちは30m、40mの見事なロングパスを蹴れるようにな

りました。積極的にビルドアップにも参加します。しかし、その代償として
タクシーも止められなくなりました（笑）

何が言いたいのかというとＧＫの目的は第一はゴールを守ることです。もちろんそれにプラスしてフィードもできることは望ましいですが、第一優先ではありません。

比較してみると、
・フィードがとてもうまいけど、全然シュートは止められないし、クロスボールもビビって出れないＧＫ
・フィードはそこまで上手くないけど、正確にキャッチし、ゴールを守ってくれるＧＫ
皆さんはどちらがいいですか？

世界的なＧＫでフィードが上手い選手はもちろんいますが、本当にＧＫのビルドアップが戦術的に非常に重要なチームは世界に何チームありますか？　ＦＣバルセロナ、マンチェスター・シティ……。他にはありますか？　世界的に非常に少ないクラブしか採用し

ていないことをトレンドとして取り入れていいのでしょうか？

世の中の流れが本当にそうなら、世界中の代表チームやクラブがFCバルセロナ出身のGKとなっているはずです。一度皆さんも立ち止まって考えていただきたいです。私は全てを否定しているのではなく、すでに私自身が過去の苦い経験として味わったことであり、また同じ流れになっているように見えるからです。

なぜFCバルセロナのカンテラ出身のGKが他のチームでは一切プレーしていないのでしょうか？

ビクトル・バルデス以降、スタメンのGKは常に外国人選手です。トップチームにも育成出身のGKがプレーしていないのはどうしてでしょうか？

なぜなら、GKがFCバルセロナのプレーモデルに合ったプレーしかしないからです。FCバルセロナだと1―4―3―3でボールが来たら受けてさばいてということが求められて、ゴール守るための技術ではありません。加えてチームとしても基本的に相手を圧倒する試合をするので、ゴールを守る技術を発揮する回数も少ないです。

決定的なピンチになるとたいていは決められているんですが、決定的なピンチが多くなる試合自体が少ない。

そのGKが別のチームに行ったとしましょう。例えばマラガに行きました。マラガは1

―４―３―３でプレーしません。ビルドアップしない場合、その選手は適応できなくなってしまう訳です。加えてピンチの回数もバルサの時よりも多くなるので、本当の意味でのＧＫとして評価を下されます。

よってＧＫを準備する人であれば、どういうシステムで監督が選んでやろうがそれに適応できるＧＫを育てないといけないのです。戦術的に最も理解が高くて、最も成熟しているのはＧＫでないといけません。そのようなＧＫを育成するには正しい技術の習得と順番、負荷を考慮した適切なプランニングが必要になってくるのです。

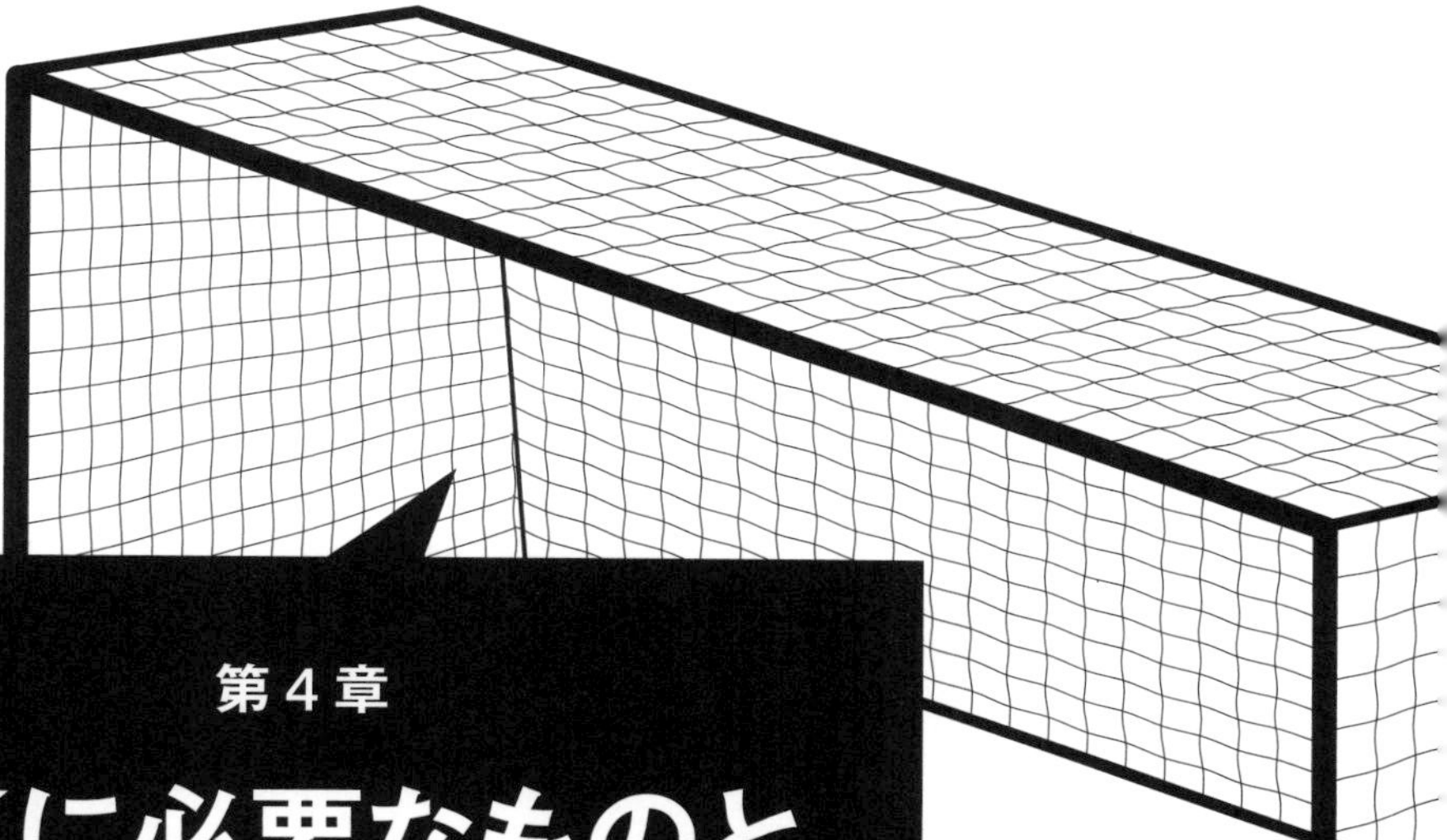

第４章

GKに必要なものと指導者の責任

ＧＫに一番必要なものはシンプルな「気持ち」

「ＧＫとして最も大切な資質は何でしょうか？」

この質問はスペインでも日本でもよく聞かれますが、私の結論はＧＫを大好きかどうかです。

身長やもともと持っている能力、人間性という話ではありません。

身長ももちろん重要な要素です。しかし、背が低いからといって子どものモチベーションややる気を私たちコーチが削いではいけません。

例えば、私が世界で一番良いＧＫだとしましょう。異論なく世界一です。でも身長が１７０㎝しかありません。

では、あなたが普通のＧＫだとしましょう。でも身長は１９０㎝あります。

ここにチームの監督が現れてどちらかをレギュラーで試合に使わなければいけません。私たち二人のことを深く知らない監督だとしたら誰をレギュラーとして選ぶかは自明の理です。多くの監督が身長１９０㎝のＧＫを選んでしまうのです。

身長が重要な要素であることには間違いありません。しかし、身長の低いＧＫでも技術を完璧に習得することができれば上のカテゴリーでもプレーできるのです。

とりわけ子どもに関して身長は全く関係ありません。

身長が低いし、親も小さいから……、将来身長が伸びる可能性がないから……、と最初からＧＫをやらせないというのは間違っています。

ＧＫをしたいという気持ちが何よりも重要なのです。

世界中がゴールを決めることに興奮し、ゴールを決めるために動いているのに、「ゴールをさせない」「ゴールを守る」と思える選手はすでにサッカー界では特別な存在です。

だから、ＧＫをしたい、ＧＫが好きだという気持ちを大切にしてあげなければいけないのです。

指導者が果たすべき重要な責任

良いＧＫが出てこないというのは、指導者に責任があると思っています。子どもたちは「コーチ！　おれＧＫやりたい」と突然言い出します。

その子には素直にＧＫをやらせてあげてほしいのです。しかし、低学年、中学年になると色々なポジションを経験した方がいい、フィールドプレーヤーにもＧＫの気持ちを理解させようとＧＫをローテーションで回すケースをよく見かけます。

その中で起こってしまうのが、たまたまある子がGKをやった試合で大量失点を喫してしまうというような状況です。

そうすると周囲のチームメイトが必ずこう言います。

「なんだよお前。こんな簡単なボールも取れないのか?」と。

そんなことを言われて悔しくないかというと、GKは当然悔しいと思っています。味方のミスのせいでシュートを打たれても止められなければ悔しいと感じます。味方のミスも自分のせいだと思うフィールドプレーヤーはいません。

そうするとこんな経験はもう嫌だから、今度はフィールドの選手としてピッチに立とうと考えます。しかもローテーションなので次の試合にGKは回ってこない。

フィールドプレーヤーでプレーすると一つのミスで大きく非難されるようなことはありません。逆に「ドンマイ! ドンマイ! 次やろう」と励まされるわけです。

このような経験が何度も続くと「GKは好きだけど、非難されるのは嫌だからFWやろう」と思うのが自然だと思いませんか?

GKになりたいという子がいるのであればもうポジションを変えてはいけません。どれだけミスが出ても、ひどい失点の仕方をしたとしても続けさせることが大事です。

そもそもGKをするということ自体、ものすごい責任と強い気持ちがないとできないことであると伝えなければならないのです。

良いGKを育成するためには、GKコーチのサポートが必要不可欠です。GKをやりたいけど、「みんなに色々言われるから嫌だな」とフィールドプレーヤーにポジションを変えないようにしてください。

彼のモチベーションやGKに対する情熱が100%だったのに、どんどん減ってしまい最終的に50%程になってしまうのは、指導者の責任なのです。

フィールドプレーヤーはGKの高さに勝てない

私がFC東京のGKコーチをしていた時（2017〜2018年）に林彰洋選手に、こう聞きました。

「アキ（林彰洋）の身長はいくつ?」

彼は「195cmです」と答えるので、「それは絶対に違う」と言いました。

でも、彼も「いやいや、測ったから絶対にそうだ!」と言い、私は「違う!」と何度も言うやり取りがありました。

このやりとりで私が彼に伝えたかったことは「本当の高さは今の身長とジャンプをして

手を伸ばした距離分ある」ということです。

例えば身長190㎝のフィールドプレーヤーがいたときに、その選手の最大到達点は身長＋ジャンプした分だけです。ＧＫの高さは身長＋ジャンプ＋手を伸ばした分です。この高さがＧＫにおける本当の意味での身長です。基本的にＦＷの選手がいくら高くジャンプをして跳べたとしても、ＧＫが手を伸ばせば届かないわけです。よく「背の高い相手選手に上からヘディングされるかもしれないから空中戦に気をつけろ」と聞くことがありますが、私は信じません。

今の林選手であればたぶん３ｍ近くの高さが出せるはずです。その高さだったら誰もヘディングで競り勝てるわけがありません。クロスが来た場合もほぼ確実にＧＫが空中戦では勝つことになるわけです。

しかしＧＫの高さにフィールドプレーヤーの誰もが勝てないにもかかわらずＧＫの多くの選手はハイボールが苦手でかつ自信がないのです。自分が出ていってミスを犯して失点するくらいだったら、出ずにシュートを打たれて、それがもしスーパーゴールであれば、そうなった方がまだましだと思ってしまうわけです。

ＧＫが出ずシュートを決められてしまっても、ある意味ＧＫのせいではないと周りの人間は見ます。「味方のＤＦがきちんとマークについてないからだ」と。

どんなに身長の高いフィールドプレイヤーの選手でも、GKが手を伸ばした高さには届かない

だからそのときGKは監督に「あの状況は出られない。しかもフリーでシュートを打たれてしまっている」と言えてしまうのです。

大事なことは数をこなすことではない

ハイボールへの苦手意識を克服するために多くのトレーニングを重ねてきました。トレーニングというのはどんどんクロスが蹴られてそれに対してGKが飛び出すという形ではなくて、どこに立つべきかポジショニングを学び、この軌道のボールに対して最初はどの足から動かすのか、ボールのスピードは速いのか、遅いのかを見極めるというプロセスが必要になります。

アプローチするのは、まず頭からです。なぜならGKが試合中に一度でもハイボールの処理をミスしたら、その試合はもう出られなくなるからです。

それがなぜ起こってしまうかというと、本人自身がどうしてミスしたのかわからないからです。

もし、「今はこうするべきだったのに間違えたな」とミスの原因がわかっていたら、また次のハイボールに出られます。なぜならミスが怖くないからです。

ただ多くのクロスにボールを取る練習を繰り返していても、

「なぜ今のボールは間に合わなかったのか？」

「どうして被ってしまったのか？」

「取れたけど、正しいアクションだったのか？」

１球１球「そうじゃない！　もっとこうだ！」と言われても選手は理解できないのです。

量をこなす方法ではなく、まずボールを正しくキャッチするための仕組み、構造を知ることが重要だということです。

まず、どうやって歩くのか、どうやって動くのか、どうやってキャッチするのか、例えばどういう動きの連続でセービングになるのか一つひとつ伝えていかなければいけません。全ての技術の知識、方法に対する理解があってようやくみなさんが言うトレーニングを実施できるのです。

進歩しないゴールキーパーのトレーニング

ＧＫについて一つひとつ理解していくとラ・リーガやプレミアリーグの試合など、トップリーグで活躍しているＧＫの技術的なミスが見抜けるようになります。

例えば、「この前のクルトワ（レアル・マドリード）の失点シーン見た？」「エデルソン（マンチェスター・シティ）のコーナーキックの守備の仕方見た？」という話を指導者の間でします。「あれはすごいセーブだったね！」と称賛の言葉だけでなく、「ポジショニングがずれているし、勢いでセービングしているから次のボールがどこにこぼれるかわからないプレーをしているよね」や「一歩目が違っていたよね」と細かく分析できるようになります。

世界的に素晴らしいという評価や多くのビッグセーブやファインセーブに惑わされてはいけないのです。

GKのトレーニングもまだまだ改善の余地があります。身体への負荷の計算もしてないですし、とにかく激しく、回数をこなすというトレーニングの手法が多いです。だから怪我をしてしまうのです。GKが怪我をしたのではなくて、GKコーチによって怪我をさせられているのです。

ハードルを跳んで、前転してジャンプ。また後転してというような練習があります。ただ外から見ている人からすると、とてもかっこいい練習です。選手も必死にやっていたらなおさら良いトレーニングです。

しかし本当にこれらの動きの連続は試合でするプレーなのかとすごく疑問に感じます。

残念ながらそういった試合に生かされないトレーニングのためのトレーニングが蔓延っているというのが現実です。

重要な頭からのアプローチと伝え方

恐怖心はどうすれば取り除けるでしょうか？　怖いと思っている選手が悪いわけではありません。

ＦＣ東京の林選手と大久保択生選手（清水）のプレーを分析したときの話です。彼らは２人とも、ハイボールには全く出られませんでした。別のチームでプレーしているシーンもチェックしました。彼らのプレーを見て思ったのは、調子が良さそうなときは前に出ています。しかし、出られないときもあります。

それは能力がないのではなく、どこにポジションを取って、そこからどう動いたら取れるのかを知らないからです。

重要なのは、どうしてそのようなことが起こっているかということです。

確実に言えるのは、最初のプレーでミスが出ると、次は絶対に出ない。リスクを冒して出ることよりもゴール前で待ち構えてボールが来るときに勝負しようとします。後者の方がミスは目立たないからです。ハイボールに飛び出してキャッチできなかったらとても目立つミスとして捉えられます。

つまり、その状況、環境をコントロールできていないのです。簡単に言うと、怖いということです。ミスするのが怖い、前に出るのが怖いのだろうと私は思いました。

ここまで本を読み進めてくださっている方は、ＧＫのトレーニングはどこからスタートしなければならないのかすでにわかるはずです。

選手の頭の中に何が入っているのかを知らなければいけないわけです。

例えば、林選手とは29歳のときにトレーニングを一緒に行い始めました。

彼は、11歳のころからＧＫを始めているのですが、29歳になるまで練習、試合を含めて何回クロスを蹴られたと思いますか？　何本のクロスが彼に飛んできたでしょう。

正確な数字はわかりませんが、３００万回をゆうに越えている可能性があります。

彼は、29歳になるまで３００万回ものクロスを蹴られていたのにハイボールに出られない。では、私と一緒にトレーニングをしてさらに15万回やったほうがいいかどうかなのです。

それで解決できるかもしれないと思うのは間違いではないですが、今までそれだけの回数をこなしても改善はされなかったということが明確になっています。

３００万回受けたのに恐怖心が消えてないのです。ある試合で来たクロスが取れたとします。その後は、４回連続も５回連続もキャッチできます。ＧＫは、すごくうれしそうに良いプレーができています。しかし、別の試合で最初のハイボールでミスが出たら、二度とその試合では前に出られませんでした。そのような試合では全体的に調子が悪いということが起こっていました。

これは本当に調子の問題でしょうか。調子が良い日だったか、悪い日だったかはこの場合は問題でありません。

彼の中に、ミスに対する恐怖心が生まれてしまっている状態が問題なのです。恐怖心がある状態では、私は一緒に練習を進められません。その状態で外に出てトレーニングをしても疲れるばかりで成長にはあまりつながりません。まずは、彼の頭の中を変えるところからアプローチしなければならないのです。

加えてどうすればコーチとして彼の頭の中に僕らのメッセージが届くのかということも考えるべきです。

選手に説明するとき納得させるためには、どう伝えないといけないかという答えも持っておかなければいけません。

「なぜ？」という問いに対する答えは一つです。プラスで次の「なぜならば」につながる可能性はありますが、なぜという問いに対する答えは、明確にさせないといけません。これもあるかもしれないし、こうかもしれないとグレーにしてはいけないのです。

ＧＫの世界にグレーはないです。ゴールに入ったか入らなかったか、ただそれだけです。

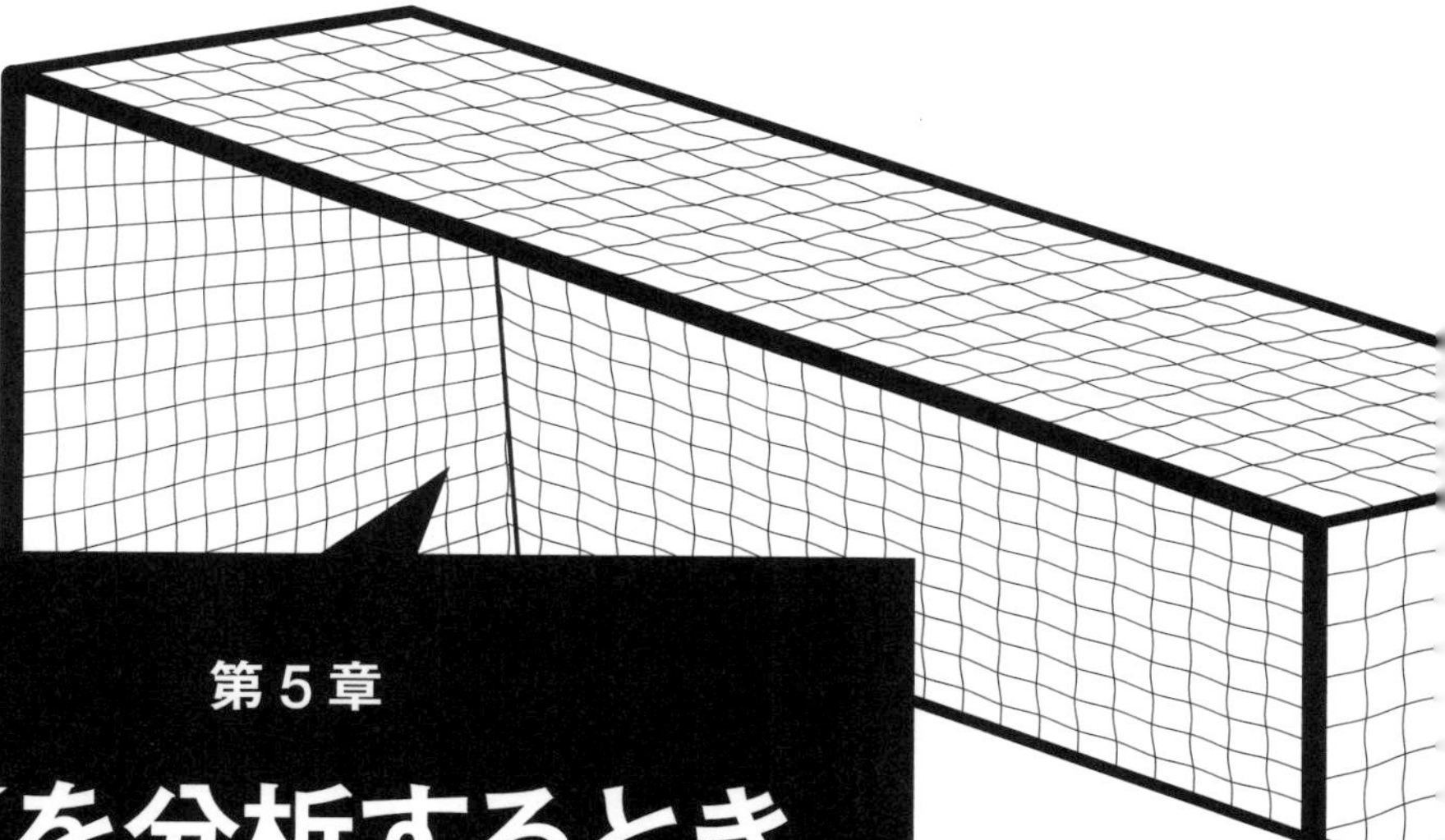

第5章
GKを分析するときの着眼点

相手GKを分析すると勝率は上がる

GKを分析することによるメリットはこうです。

・自チームのGKの修正と改善、チーム力アップ
・他チームのGKの特徴を掴み、弱点を突く

「監督がGKのことを知らないからGKが改善されない」と何度もこの本の中で話をしていますが、裏を返せば「監督としてGKのことを知れば、試合に勝つ確率は上がる」ということになります。

対戦チームの分析をしたとしても、相手のGKの癖や得意なプレー、不得意なプレーまで分析している人はいません。その理由は分析の基準がないからということと、GKに重きを置いていないからです。

しかし、GKが攻略できれば試合で勝つ可能性は高まります。

なぜなら相手のゴールを守っているのはGKだからです。そのGKの不得意なプレーを

知ること、その基準を持っておけば「相手を攻略する方法」が出てくるはずです。

友人のＫＡＺＵ（翻訳者）は、この話を私としてから常に相手のＧＫを分析するようにしたそうです。その結果、どういうことが起こったか？　それは本人に聞いてみてください。

私は「ＧＫを準備する人」です。あなたの対戦相手で直接私が知らない選手であってもＧＫとして弱点を話すのは辛いのです。

とはいえ、全てを秘密にしてもＧＫの向上にはなりませんので、この章では、どこを見ると良いのか？　それはなぜなのか？　という相手ＧＫを分析するという視点でお話をさせてもらいます。

例１　ＧＫのポジションはボールに合わせているか？（ポジショニングに基準があるか？）

一番わかりやすいのは、そのＧＫがボールと連動してポジションを取っているかです。詳しくはもう一度ポジショニングの章を読んで頂きたいのですが、見やすいのはディフェンスラインとＧＫの距離感です。

それぞれ味方のディフェンスラインがどこにいるか？　を見るわけです。起こりやすいのはＧＫがゴール前にへばりついて、全くペナルティーエリアから出ないという状況です。

そうなることでディフェンスラインと自分の間にスペースを空けています。

この動きを見るためにはボールばかりを見ていると分析できないのはわかりますか？

相手のディフェンスラインが高いということは自チームは押し込まれていることになり、ボールを追いかけていれば相手のＧＫの高さを見ることはできないのです。

このスペースを埋めていないことでカウンターで狙うべき場所と何度か背後にボールを送ってみることでＧＫが出てくるかどうかをチェックできます。

例　9月28日　ラ・リーガ第7節（図10）
ヘタフェ対ＦＣバルセロナ　41分　スアレスのゴール

前に出てきたテア・シュテーゲンからのロングパスで裏に抜け出したスアレスがループで見事なゴールを決めるシーンです。

図10：ラ・リーガ 第7節 ヘタフェvsバルセロナ スアレスの得点シーン

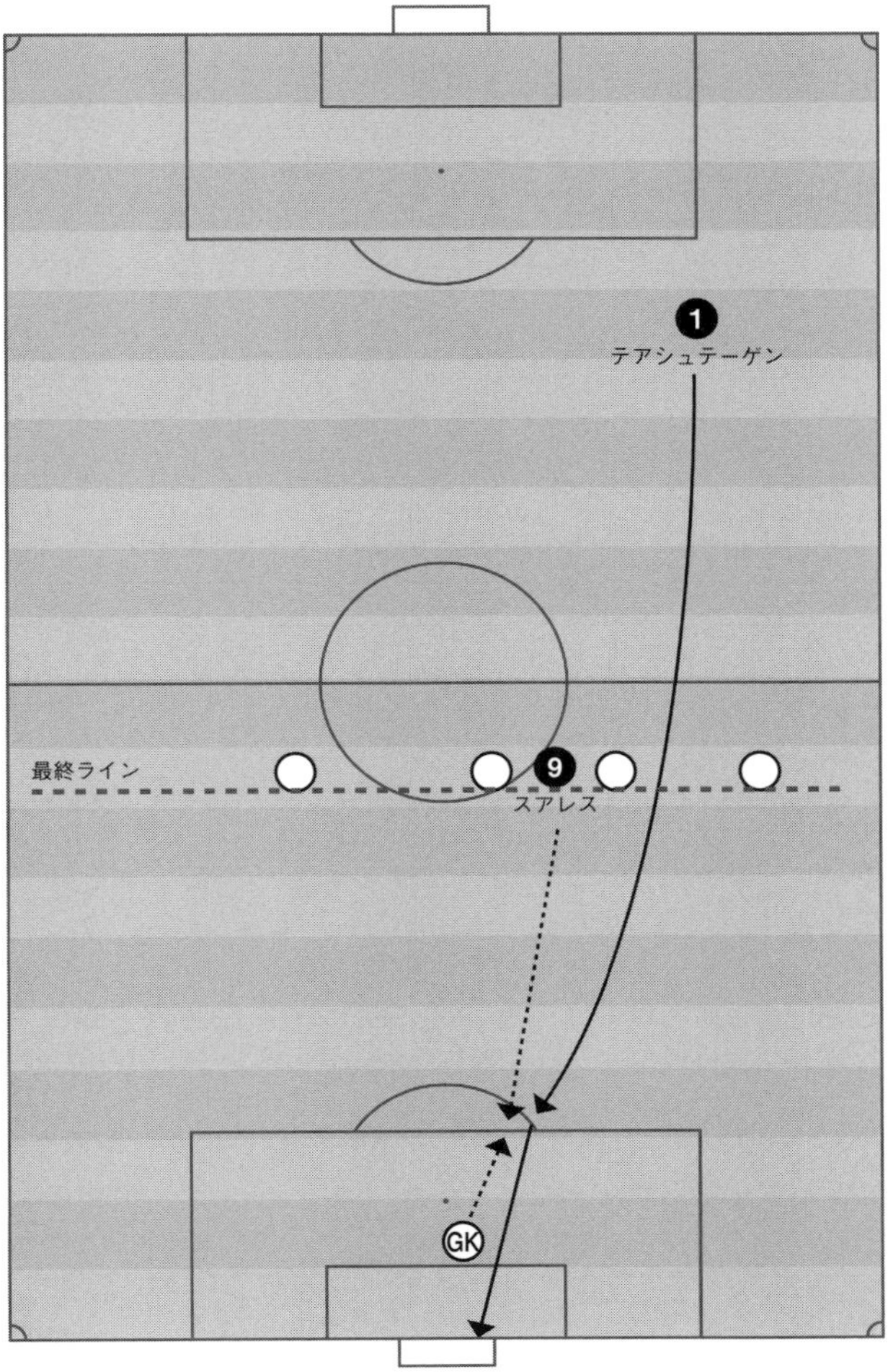

テア・シュテーゲンのロングパスからスアレスがワンタッチでループシュートを放ち、得点を奪った場面。最終ラインとGKの間が大きく空いてしまっていることがわかる

スペイン中の新聞は「素晴らしいテアシュテーゲンのロングパス！」と大絶賛。ヘタフェの監督も「こんな子どもの試合のような失点はあり得ない。ロングボールの予測もなく、スアレスにスペースと時間を与えてしまった。」とコメントしています。

私はみなさんに聞きたいです。

「本当でしょうか？」

ＧＫを準備する人であれば何がおかしいかもう気付いたはずです。

フィールドのコーチや監督はこのような失点をした時に何が原因だと分析していましたか？

ボールの失い方が悪かった？　取られた瞬間の切り替えが遅かった？　ＤＦの予測ミスでもありません。

時にはセンターバックはボールの方を向いている、相手のＦＷはそのままゴールに向かって走るだけになっていて、ＤＦは反転しなければいけない分、遅れるという分析をする人もいるでしょう。

「本当にそうですか？」

この失点、何度も見てみてください。

テア・シュテーゲンがボールに触ったのはペナルティーエリア外、つまり相手コートのゴール前までロングボールが出ているのです。しかし、この時もヘタフェのＧＫは正しいポジショニングを知らず、ペナルティーエリアの中に留まっています。

もし、正しいポジショニングを取っていたら？　ロングボールが来たとしても簡単にＧＫがクリアして終わりです。

これはトレーニングで改善できることではなく、「戦術的知識として知っているか知らないか」です。

つまり、ＧＫコーチがＧＫに正しく教えることができてるかどうかになります。プロのトップレベルの選手でも基準がなくプレーしているわけですから、育成年代の選手が自然とできるようになることを期待するのはおかしいでしょう。

そしてポジショニングを教えるには「頭」からアプローチしなければいけません。

これも実際にあった話なのですが、私がポジショニングを伝えるための説明をしていたら、後から監督に「ちゃんと練習しろ！」と怒られたことがあります。

きちんとその時の練習の意図と「ポジショニングを理解するために大事な説明なんです」と監督に伝えたら、なんて言われたと思いますか？

「そんなの必要ないし、意味がない」と言われました。

そのような監督は毎回背後のロングボールで失点し続けてください。そして背後のロングボールによる失点の理由をＧＫとＧＫコーチのせいにしないでくださいね。

これは冗談ですが、監督がＧＫのことを知らなければいけないという一例です。

ＧＫとディフェンスラインの距離が空きすぎている事象は育成年代に限らず、トップレベルの世界でも起こっていることなのです。

よく、監督が「ディフェンスラインを上げろ！」という指示を出してもなかなかあげられないという状況はどうして生まれてくると思いますが、その現象が起きる大きな原因はＧＫのポジショニングにあります。

ＤＦの心理を考えてみましょう。毎回自分たちの頭を越えたボールを本来はＧＫが処理できるボールなのに、全然出てきてくれない。

するとＧＫを信用できないから毎回自分たちが下がって処理をするしかないとなっている状況です。

しかも夏場の暑い時期で、ディフェンスラインの上げ下げを繰り返していると次第にＤ

Ｆは辛くなって「ラインを上げるのをやめて待ち構えておこう！」となってしまうわけです。

そこに中盤の選手が連動しなければ中盤とディフェンスラインの間にスペースが空くことになります。もし、中盤の選手も連動して下がってくれれば、次は前線の選手も下がります。ＧＫのポジション一つでチーム全体が後ろに引っ張られることになるのです。

ぜひ、フィールドのコーチのみなさんはボールに釣られずに、相手のディフェンスラインとＧＫの距離感がどうなっているかを分析してみてください。そこで相手の弱点が見えてくることがあります。

相手のＧＫがそうであれば、まず狙うところはどこかわかりますよね。

しかも、背後にボールを送った時にＧＫが出てくるか、来ないか見ることができますし、もし、出てこなかった場合に相手の監督、コーチはＧＫに対して「何と声をかけているか？」に注目してみてください。

万が一、味方のＧＫに対してコーチたちが「ビビらずに出ていけ！」と言っていたら、基準が全くなく、ＧＫが出られないのは気持ちの問題と思っているということになります。

それを言われたＧＫは高い確率で次のボールは無謀なチャレンジをします。すると相手ＦＷと入れ替わってしまうか、ファールで止めに行く。ここで大きな失敗が起こるとなおさら出られなくなるのです。

GKの準備ができていて、精神状態も安定しており、技術的にしっかりしていれば、いちいち監督が「上がれ」と言わなくても勝手にディフェンスラインは上がります。

しかもGKがコーチングしているから監督がいちいちベンチから叫ぶ必要がなくなるのです。

例2　コーナーキックの立ち位置は？

GKの正しいポジションがあるという話はすでにした通りです。そこに立っていない時点で、ハイボールで問題が起こるわけです。おまけに右からと左からのコーナーキックで立つ場所が変わっていたら、より「基準がない」ということがわかります。

味方の選手の配置でどこを突けば良いかもわかります。

ニアポストとストーン（内側のポスト延長上からゴールエリアが交わる箇所から2歩内側に立つ）この2人がジャンプしても届かないボールであればGKが正しいポジションから正しく動き出せばカバーできます。

高さがあるので手が使えるＧＫが先に触れます。

逆にこの２人がいなくて、低いボールが来たときにヘディングされるとＧＫはカバーしきれないのです。

細かい点をさらにみていくとコーナーキックが蹴られる前に

・ＧＫがどこに立っているか？

右と左で立つ位置が変わるＧＫもいます。

・ニアポストとストーンの位置に選手を配置しているか？

カバーしきれない範囲をどこに選手を配置しないといけないか基準がないとなります。

ここに２人置かないとニアにＧＫが引っ張られてしまいます。

・蹴られる前に動いていないか？

蹴られる前ではボールがどこに飛んでいくかわかりません。勝手に予測をして、前に出て、その後下がっている最中にシュートを打たれてゴールされているシーンをたくさん見たことはありませんか？

これも基準なく相手ＦＷの動きを勝手に予測していることによって起こっています。素晴らしいゴールも、実はGKが蹴られる前に出ていて、取れないと思って下がっている最中に打たれたボールが入った事例は非常に多いのです。

・相手のFW、または味方DFを触っていないか？ 触っていたらその瞬間、手は動かせますか？ その時に意識はボールに向かっていますか？ それとも目の前の相手ですか？

これも多くのGKに見られるミスです。相手のFWが邪魔してくるのが嫌でそうしているんでしょう。

しかし、よく考えてください。GKと相手FWがクロスボールに対して1対1であれば有利なのはGKではありませんか？ GKは手が使うことができます。

トレーニングが必要だということはありますが、私は相手FWがGKを邪魔しにきたとしても味方のDFにマークについてもらうことはしません。逆にそこに2人いることで余計に邪魔になります。

正しいポジションから相手に惑わされず、正しい動きをすることに集中すればクロスボールが怖いということはないのです。

私は毎回マンチェスター・シティのコーナーキックの守備のやり方を見るとハラハラし

ます。

これは以前にフットボール批評からお願いされたテア・シュテーゲン、エデルソン、クルトワの分析をした時にもお話ししたことですが、グアウディオラは世界中のサッカー関係者の誰もが知っているトップレベルの監督です。その彼がなぜコーナーキックでポストに選手を置かない守り方をしているのでしょうか？

しかも、これは今だけに限らずFCバルセロナ時代からです。私はバルサファンでもありますので、ビクトル・バルデスが毎回ニアに引っ張られるのを見ていると心が痛みました。

もちろん彼には自分の考えがあるのでしょうが、GKに関しては私も譲りません。グアウディオラが率いるチームはこれまでもセットプレーに弱いというレッテルは拭えていません。

是非GKコーチが「ペップ！　これだと一生コーナーキックで苦しまなければいけなくなる！　守り方を変えてくれ！」と伝えてほしいものです。

コーナーキックの時はニアポストに味方を一人、ストーンと呼ばれる場所にもう一人の味方を置いてそこに来たボールはクリアしてもらう役割が必要になります。

正しいポジションに立っていれば、その2人の頭を越えるボールというのは手が使える

図11：コーナーキック時の絶対的な正解

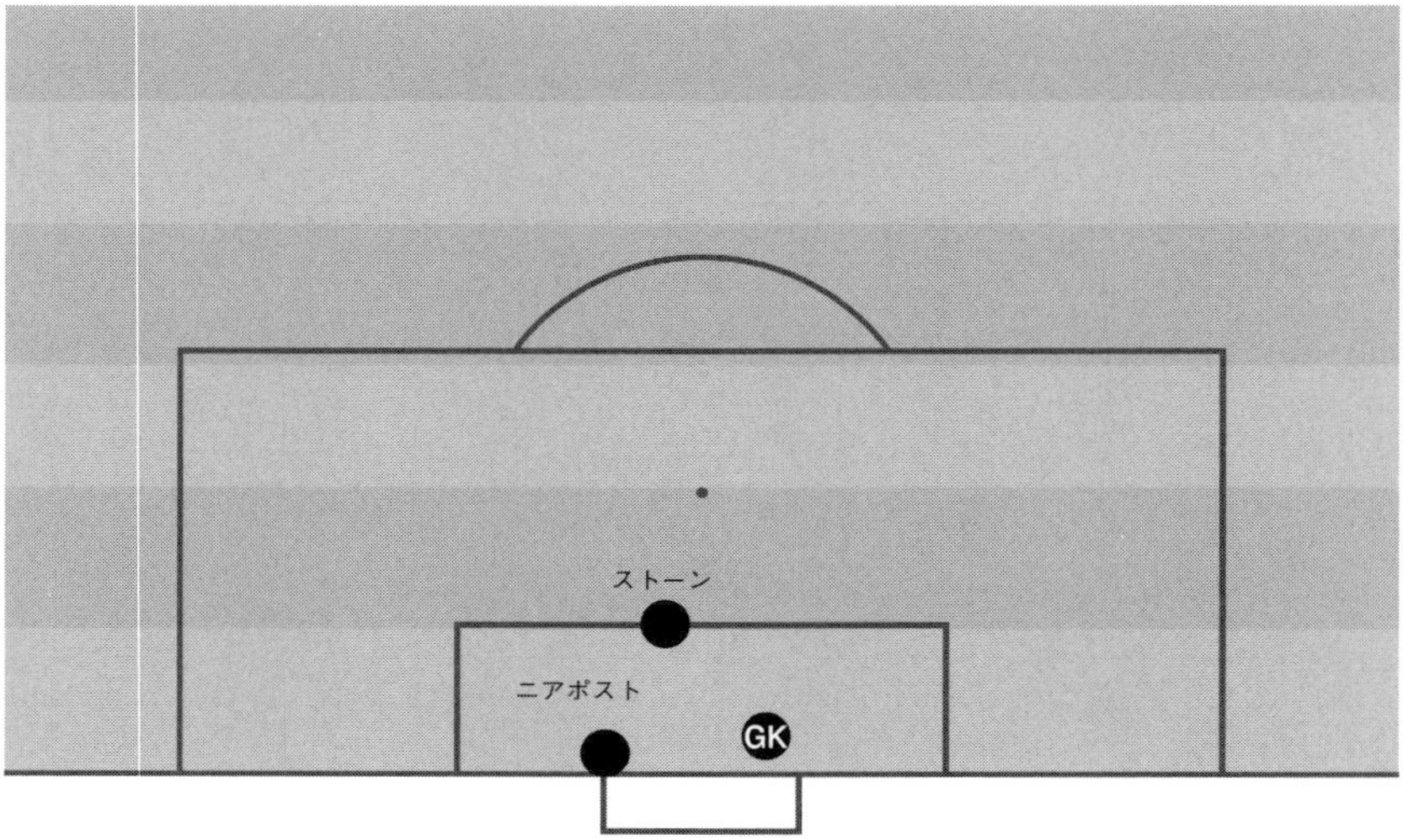

守備側から見て左CKの場合。GKはファーポストから2歩内側、1歩半前

ＧＫが先に触れることができます。

後ろに下がるのと前に出るのではどちらが人間の体の構造動きやすいかは明確で前に出ることです。だから、可能な範囲で前に出るアクションをする位置はファーサイド寄りになりますね。

しかし、先ほど説明した場所に２人を置かないとニアサイドががら空き状態になるので、ＧＫは心理的に怖くて「ニアサイドに引っ張られる」のです。そうするとニアに意識が行っているのでファーポストのボールに弱くなる、または間に合わないということが実は世界的に起きています。

この本を読んでいるみなさんは

「世界一のマンチェスター・シティがポストに選手を置かずに守っているから自分たちもやってみよう！」と影響を受けないでください。

みなさん自身で分析した結果、その方が良いと採用するのであれば、それは自由です。ただし、私があなたのチームと対戦する時にはそのコーナーキックの盲点を毎回突きにいきますので気をつけてください。

私の考えはこの２人の配置以外はマンツーマンでもゾーンでも監督が自由にしても問題ないです。

ファーポストに選手がいる場合

時々ファーポストにも選手を配置するチームがあります。この状況を見た時に浮かぶことはなんだかわかるでしょうか？

そのＧＫはファーのクロスボールが弱いということです。または全く出てこないことを意味しています。

ある試合でファーに跳んだボールをヘディングされて入れられたことがあるのでしょう。監督としてもファーを突かれるのは嫌なので、解決策として「ファーポストにも選手を置く」と決めたわけです。

このようにコーナーキックが蹴られる前のポジショニングや振る舞いでそのＧＫの特徴がわかることがたくさんあるのです。

例３　ＧＫの利き足は？

相手ＧＫの利き足がどちらかも注目するポイントです。

右利きの選手の左足に比べると一般的に、左利きの場合は極端に右足が蹴れない可能性が高いです。そうするとどちら側からプレッシャーをかけに行った方がよりミスが起こりやすいかがわかります。

例4　セービングの仕方は？

今回セービングについては詳しく触れませんでしたが、セービングにも正しい動き、正しい倒れ方の順番があります。しかし、たいていの場合はそれを知らずに自分のやり方でセービングしています。

そうすると、もしボールがこぼれたら？　立ち上がり方は？　という部分でエラーが出ることがわかります。

ウォーミングアップでアクションを確認したら、横にドタッと倒れる感じだったとしましょう。原因はなんでしょうか？

大きく二つあります。

・タイミングを取るためにプレジャンプをしてしまう

・肩幅よりも足を広げて立っている

どちらかの特徴、または両方持っているとするとこのＧＫは横のボールに弱いことになります。

ある試合で対戦相手のＧＫのウォーミングアップを見ていて、セービングで横の高いボールに間に合わないと分析しました。見た目は大きくていかにもＧＫという強そうな感じが出ていましたし、周りの評価も高かったようですが私はそういう声に振り回されず、冷静に「どう動いているか？」を見ていました。

そして私は中盤の選手にいつもだったら入らないような状況でも「弱くてもいいから横にミドルシュートを打ってみて」とアドバイスをしました。

するとその選手のミドルシュートが２発見事決まり、２―０で試合に勝つことできました。一番驚いていたのはシュートを決めた本人でした。

周りの評価は素晴らしいミドルシュートを決めた選手に集中しますが、実は「ＧＫの短所のせいでゴールが入った」という分析にはなかなか行き着かないのです。

相手ＧＫのプレー分析をしていて、正しい体の使い方をしておらず、爆発力を持ってセービングできないため、特に横で高めのボールに届かないとわかっていたからこそできたアドバイスでした。

だからこそフィールドの監督はＧＫのことを知っておいた方がいいのです。

クライフが監督のドリームチーム時代のバルサで、スペイン代表のＧＫスビサレッタが当時のブラジルのエース、ロマーリオに毎試合相手のＧＫの特徴を伝えていたのは有名な話で、お陰でロマーリオはそのシーズン得点王に輝きます。

ＧＫの分析が新たな楽しみにつながる

試合に勝つ可能性が高まるのは相手のＧＫを分析することなのです。

「どのくらい細かく分析できるか？」「明確な基準はあるか？」でどうやって相手の弱点を突くかの戦略を考えることができます。

ここまで本を読んだ人はもう理解できると思いますが、ゴールを守っているのはそのＧＫなので、そのＧＫがどんな特徴を持っているのかわかれば、その弱点を突くことできるのです。互いにＧＫが分析できるようになったら、どうやったらその弱点を克服できるのか？　というＧＫコーチのプランニングとアプローチ方法が重要になってきます。

それにその要求を監督がするようになります。

GKのレベルが上がれば上がるほど、フィールドの選手のレベルアップが必須になります。チームもどうやって相手のGKを攻略し、得点を取るかもっと工夫するようになります。

このサイクルが回ることでサッカー界全体が良くなっていくと私は思っています。

その基準はこれまでの4章でお伝えしてきた通りです。

キャッチの仕方が不安定な場合、味方の選手に「正面のボールをこぼす可能性があるから、キャッチしたなと思っても止まらずに近づいていけ」と言えるでしょう。

大股の姿勢で立っていて、セービングの時に重心移動ができていない場合、中盤の選手に「今までよりも早いタイミングでミドルシュートを横に打ってみて」とアドバイスできます。

コーナーキックの立ち位置と選手の配置を見ればニアに引っ張られているというのがわかるので、ニアに蹴ってそらしてファーにボールを送ればほとんど間に合わないでしょう。

他にも、ポジションが低く、相手コートにボールがあっても自陣のペナルティーエリアから出ないGKはボールに合わせてポジションを取っていないということになります。

だから私は味方のFWの選手に相手GKの癖や特徴を伝えることがありました。

是非、これまでの本の内容と照らし合わせてGKを分析してみてください。これまで見

元スペイン代表・スビサレッタ
1961年10月23日生まれ。スペインのビルバオやバルセロナでプレー。スペイン代表として86年、90年、94年、98年と4大会連続でワールドカップに出場した

えなかったものが見えてくるかもしれません。そうすると新しいサッカーの楽しみが見出せるはずです。

おわりに

自分の研究してきたこと、体系化したものが本になる。

人生の全てのエネルギーを注ぎ、やってきたことが他の人に見える形になる。これほど感動することはあったでしょうか。


このような素晴らしい機会をカンゼン社から頂けたこと、本当に感謝しております。

その中でも編集長の高橋さんには私のセミナーに足を運んでもらい、自らＧＫ体験を何度もしてもらいました。ＧＫの奥深さをまさに体感してもらうことで私たちの共通認識が深まりました。


この本はある意味、私の人生そのものであり、命です。

これまで指導していた選手、関わっていたコーチにだけしか伝えていなかったことを今回一切隠すことなく、伝えさせてもらいました。ただし、あまりに私がたくさん話しすぎたのと、ＧＫに関することで書き残したいことが多すぎて結局１冊には収まりませんでした！

とはいえ、ＧＫとはどういう存在なのか？　どのような考え方でトレーニングをしていけば良いのかという明確な基準は示せたと思います。

私にはＧＫコーチをやっていく上で師匠と呼べる人や教示してくれる人は誰もいませんでした。当時ＧＫコーチ自体がいなかったのですから当たり前ですね。

なので、ドラえもんに頼んで、この本を30年前の私に渡したいです（笑）

「これまで自分が苦労し、ＧＫについて分析し続けた意味はなんだったのか？」

スペイン語ではなく、日本語で本を出すためだったと30年前の私に言ったら「お前は頭がおかしいのか？」と言われるでしょうね。全く想像もできないことだったでしょう。

人の縁、繋がりで導かれるように私は日本に住むことになり、そして日本語で自分の本が出る。スペイン語でも出したことがないのにです！

少しでも多くのＧＫ、ＧＫコーチ、そしてサッカーをより深く知りたいという方に届いて欲しいです。

ここまで読むと、間違いなく皆さんの「ＧＫについて」の見方、考え方が変わったことと思います。

もしかしたら、難しくてわからない！　という部分があったかもしれません。

可能な限り、それが起こらないように特典として映像もつけていますが、それでも皆さんの中で疑問、質問が出てくることでしょう。

そうなったら是非私と話をしに来てください。質問に来てください。間違ったまま教えるとその被害を受けるのは選手になります。知らないまま、わからないままにしないでください。そう魔法の言葉「Por que?（なぜか）」を使って考えるのです。

それに私の言うことが全てではないのですから、日本のGKのために議論し、もっと発展させていきましょう。それぞれが独自に持っていて、隠しあっても日本全体で見たときに大きなレベルアップにはつながらないのです。

「自分は違う意見を持っている！」と納得できないこともあるでしょう。それを是非私にぶつけてください。夜中まで議論しましょう！

今でもスペインや他の国のGKのトレーニングを見にいくことがありますが、GKの世界は私が考えることとは異なる考え方で進んでいます。本の中でも紹介した通り、戦術的エラーや知らないこと、GKコーチが教えられないことによって多くのミスが今でも起こっているのです。

つまり、まだまだ技術の完璧さは追求されていないわけです。だから日本人の皆さんはチャンスなのです。

正しい方法を、正しい順番で教えること。それをやれば日本人の勤勉さ、賢さ、向上心を持ってすればヨーロッパでも活躍できるGKを育成できるはずなのです。

私が考える技術のアクションは15あると書きましたが、この本でご紹介できたのはキャッチング、ポジショニング、そしてハイボールの3つだけです。

頭へのアプローチは共通していますから、一度に全部を説明されても情報量が多すぎて消化しきれなくなりますね。

技術アクションはあと12も残っています!! みなさんの要望次第では、続編が出るかもしれません（笑）

最後になりますが、応援してくださっている湘南ベルマーレ、FC東京、奈良クラブの選手、スタッフ、関係者、及びサポーターの皆さん。外国人の私を温かく迎えいれてくださり本当に感謝しております。

皆さんが私に愛情を持って接してくれたからこそ、私は日本が更に大好きになりました。今では前世は間違いなく日本人だったと思っているほどです。

そして（株）アレナトーレの高田社長、親友のKAZU（倉本和昌）あなたたちのお陰で、日本に住むことができ、今まででは考えられないような素晴らしく、刺激的な人生を送ることができています。私への手厚いサポート、そして「日本サッカーの更なる発展のために！」と私の理論がもっと日本に広まるようにと活動を続けてくれていること、とても嬉しく思っています。ありがとうございます！

そして、これまで通訳として関わってくれたDAICHAN、ANDRE、KEI、REIKO！本当にありがとう!!

これまで出会ってきたＧＫ、ＧＫコーチ、これから出会うであろう皆さん。ＧＫの世界はとても奥深く、そして楽しいものです。

日本がＧＫ育成大国になることを信じて、私はこれからもＧＫを追求し続けます。是非、グラウンドでお会いしましょう！！　Muchas gracias! Un abrazo muy fuerte.

ジョアン・ミレッ

[監修]

ジョアン・ミレッ

Joan Miret

1960年11月1日、スペイン・カタルーニャ州出身。選手としてスペイン2部でプレーしたのち、1985年にテラッサ（2部）の育成GKコーチに就任。2000～2012年までゲルニカ（4部）のトップから育成までのGKコーチを務めた。2013年に来日し、湘南ベルマーレのアカデミーGKプロジェクトリーダーを経て、2017～2018年までFC東京のトップチームGKコーチ。現在はJFL奈良クラブのアカデミーGKダイレクター。

[著者]

倉本和昌

Kazuyoshi Kuramoto

高校卒業後、プロサッカーコーチになるためにバルセロナに単身留学。5年間、幅広い育成年代の選手を指導した後、スペイン北部のビルバオへ移住。アスレティック・ビルバオの育成方法を研究しながら町クラブにて指導を重ね、2009年にスペイン上級ライセンスを日本人最年少で取得。帰国後、湘南ベルマーレと大宮アルディージャのアカデミーコーチを計8年間務めた。2018年にスペインと日本での経験を活かし「指導者の指導者」として起業。チームの勝利と個人の育成を願う情熱あるコーチを育成する講座を開催している。

本文・カバーデザイン・DTP　松浦竜矢
写真　Getty Images、高橋大地
協力　株式会社アレナトーレ
編集協力　一木大治朗
編集　高橋大地、今川一輝（カンゼン）

ジョアン・ミレッ
世界レベルのGK講座

発行日　2020年1月24日　初版
2020年8月23日　第2刷発行

監　修　ジョアン・ミレッ
著　者　倉本和昌

発行人　坪井 義哉
発行所　株式会社カンゼン
〒101-0021 東京都千代田区外神田2-7-1 開花ビル
TEL 03（5295）7723
FAX 03（5295）7725
http://www.kanzen.jp/
郵便為替 00150-7-130339

印刷・製本　株式会社シナノ

万一、落丁、乱丁などがありましたら、お取り替え致します。

本書の写真、記事、データの無断転載、複写、放映は、著作権の侵害となり、禁じております。

© Joan Miret 2020
© Kazuyoshi Kuramoto 2020

ISBM 978-4-86255-533-5
Printed in Japan

定価はカバーに表示してあります。

ご意見、ご感想に関しましては、kanso@kanzen.jp まで E メールにてお寄せ下さい。

お待ちしております。